德国财政

——制度框架与改革方向

于雯杰　著

中国财富出版社

图书在版编目（CIP）数据

德国财政：制度框架与改革方向／于雯杰著．—北京：中国财富出版社，2019.8

ISBN 978－7－5047－7033－2

Ⅰ.①德…　Ⅱ.①于…　Ⅲ.①财政制度—研究—德国　Ⅳ.①F815.161

中国版本图书馆 CIP 数据核字（2019）第 192877 号

策划编辑　李彩琴　孟　婷　　**责任编辑**　戴海林　孟　婷
责任印制　尚立业　　**责任校对**　杨小静　　**责任发行**　杨　江

出版发行　中国财富出版社
社　　址　北京市丰台区南四环西路 188 号 5 区 20 楼　　**邮政编码**　100070
电　　话　010－52227588 转 2098（发行部）　010－52227588 转 321（总编室）
　　　　　010－52227588 转 100（读者服务部）　010－52227588 转 305（质检部）
网　　址　http://www.cfpress.com.cn
经　　销　新华书店
印　　刷　天津市仁浩印刷有限公司
书　　号　ISBN 978－7－5047－7033－2/F·3068
开　　本　710mm×1000mm　1/16　　**版　　次**　2020 年 5 月第 1 版
印　　张　8　　**印　　次**　2020 年 5 月第 1 次印刷
字　　数　144 千字　　**定　　价**　42.00 元

前　言

德国，是欧洲第一大经济体，世界第四大经济体，被誉为“欧洲经济的火车头”。2018 年，德国国内生产总值较上年增长 1.4%，实现了 2010 年以来连续第 9 年经济增长。但德国的经济发展并非一帆风顺。在 21 世纪初，德国还曾一度被讥为“欧洲病夫”，2003 年，德国官方登记失业率达到了 11.6%。但今天，德国从“欧洲病夫”一跃成为欧洲经济的引擎，在欧洲其他国家还深陷危机进行痛苦改革之时，德国经济却得到了稳健的发展，取得了令人瞩目的成绩。截至 2019 年 4 月，德国官方登记失业率为 5.8%。

德国经济保持稳健增长的秘诀有很多，而财政作为“庶政之母”，是众多影响因素中的最基本因素。2013 年 11 月，中国共产党第十八届三中全会提出：“财政是国家治理的基础和重要支柱，科学的财税体制是优化资源配置、维护市场统一、促进社会公平、实现国家长治久安的制度保障。”国家治理的本质是通过其属性及职能的发挥，协调和缓解各类风险，追求公共风险最小化，以维持社会经济的平稳发展。国家治理规避公共风险是建立在一系列的制度安排之上的。财政，作为其中基础性的核心的制度安排，深刻地介入国家治理的各个方面，不仅关注财政规则，更审视财政规则成功和失败的政治环境，因为同样的规则在各国可能会产生不同的激励机制。科学的财政制度可以使国家有一套更严格的财经纪律。通过化解一系列危机，财政治理可以为国家治理提供可靠稳定的支撑，为不确定的公共风险注入确定性。不同的财政制度通常与不同的国家治理体系或框架相对应，因而也在一定程度上关系着国家治理的水平。

当今世界处于百年未有之大变局，“变”是这个时代永远不变的真理。当前德国的经济社会也存在很多问题，诸如人口老龄化、国内消费疲软、欧元区经济增长放缓等，给德国经济带来了很大的不确定性。德国为应对这些挑战而进行的财政制度改革也从未停止。当今世界，人类越来越成为你中有我、我中有你的命运共同体，唯有知己知彼，才能更好地融入国际社会，在推动、完善全球治理中发挥更加积极的作用。因此，本书通过梳理和分析德国财政制度框架和财政制度改革情况，解释和剖析德国财政政策如何在经济转型、全球动荡中为国家经济社会发展提供推动力，希望能够为中国的财政制度改革提供国际视野和参考借鉴。

本书第一部分是德国概况，主要介绍德国的地理区位、人口现状、行政区划、经济结构等基本情况，以及国体政体、政府架构、经济体制等政治经济概况，并结合当今国际和德国国内的内外部环境，分析德国的经济发展情况及现状。

第二部分是德国联邦政府预算管理制度，内容包括德国联邦政府预算的法律基础、编制方法、预算管理制度以及预算报告框架，并分析 2019 年德国联邦政府预算改革的重点内容。

第三部分是德国税收制度，介绍德国的直接税与间接税情况、主要税种及占比、税收收入发展趋势以及德国最新税制改革措施。

第四部分是德国政府间财政关系，主要介绍了四个方面，分别是德国政府事权划分、德国政府收入划分、德国政府间财政平衡制度及德国政府间财政关系改革最新动向。

第五部分是德国债务管理制度，包括德国国债结构、德国债务规则框架及德国联邦政府债务规模结构及改革计划，研究探讨德国多年来成功保持财政平衡的制度因素和法律因素。

第六部分是德国财政支持高质量发展的实践，并结合中国国情，提出几点启示和借鉴。首先回顾第二次世界大战后德国经济的三次转型，以及德国政府为保持经济可持续发展采取的一系列财税政策及其效果；其次以德国复兴信贷银行为例，介绍了德国政策性金融支持产业发展的重要政策和措施；最后介绍德国 PPP（公共私营合作制）模式的发展情况，并对德国 PPP 模式的运营特点进行归纳分析。

第七部分是德国政府支持创新研发的制度与实践，介绍德国的科研管理机构、科研执行机构等，总结德国政府采取的一系列科研支持政策措施，包括增加科研经费支出、出台《高科技战略 2025》以及其他支持创新研发的项目。

于雯杰

2019 年 8 月

目　录

1 德国概况

1.1 人口地理

德国全称为德意志联邦共和国，位于欧洲中部。东邻波兰、捷克，南毗奥地利、瑞士，西界荷兰、比利时、卢森堡、法国，北接丹麦，濒临北海和波罗的海。面积357376平方千米，居欧盟第四。① 地势北低南高，可分为四个地形区：北德平原，平均海拔不到100米；中德山地，由东西走向的高地块构成；西南部莱茵断裂谷地区，两旁是山地，谷壁陡峭；南部是巴伐利亚高原和阿尔卑斯山区，其间拜恩阿尔卑斯山脉的主峰祖格峰海拔2962米，为德国最高峰。主要河流有莱茵河、易北河、威悉河、奥得河、多瑙河。较大湖泊有博登湖、基姆湖、阿莫尔湖、里次湖。

截至2019年，德国统计人口为8315万，是欧盟人口最多的国家，也是欧洲人口最稠密的国家之一，每平方千米人口密度为231人。主要是德意志人，有少数丹麦人和索布族人。外籍人口约1062.39万，占人口总数的12.8%，其中土耳其人最多，约148.35万。通用德语。居民中信奉基督教新教和罗马天主教的各占约30%。近十年来，德国人口的增长始终处于低迷状态，人口增长率上升缓慢。

德国的首都是柏林。第二次世界大战后由于其分为两个国家，因此在原德意志联邦共和国（西德）与德意志民主共和国（东德）没有统一之前，西德的首都设在波恩，东德的首都在柏林。两德合并以后，1991年6月20日，德国联邦议会通过了迁都的决议，2000年后联邦议会和有关联邦政府机构从波恩迁到柏林，柏林重新成为德国的首都。

---

① 德国国家概况来自中华人民共和国外交部官网。

德国分为联邦、州、市镇三级，共有 16 个州市，13175 个市镇。16 个州市分别是巴登—符腾堡州、巴伐利亚州、柏林市、勃兰登堡州、不来梅市、汉堡市、黑森州、梅克伦堡—前波莫瑞州、下萨克森州、北莱茵—威斯特法伦州、莱茵兰—普法尔茨州、萨尔州、萨克森州、萨克森—安哈特州、石勒苏益格—荷尔斯泰因州和图林根州。其中柏林市、不来梅市和汉堡市是市州。

2018 年德国基本概况如表 1 – 1 所示。

表 1 – 1　　　　2018 年德国基本概况

官方名称	德意志联邦共和国
人口	8315 万
面积（平方千米）	357376
国内生产总值（当年价格，亿欧元）	33444
人均国内生产总值（欧元）	40339
国内生产总值增长率	1.5%
通货膨胀率	1.9%
失业率	5.8%
政府性质	议会民主制下的总理负责制
宪法	《德意志联邦共和国基本法》（以下简称《基本法》）
官方语言	德语
立宪单元的数量和类型	三级政府——联邦，州，市镇

注：人口数据截至 2019 年 4 月。

资料来源：中华人民共和国外交部网站，德国联邦统计局网站。

德国是欧盟最大的国民经济体，全球第四大经济体，仅次于美国、中国和日本。德国经济的竞争力源于其强大的创新能力和极高的出口导向。在汽车制造、机械和装备制造、化工和医疗技术等销售强劲的行业，有超过一半的销售额来自出口。2018 年，德国超过美国，成为全球第二大出口国，仅次于中国。德国每年在研发上投资约 920 亿欧元。[①] 许多企业正迈向工业 4.0，以此推进制造技术和物流的数字化进程。

积极的经济活力带来劳动力市场的良好发展。德国跻身欧盟就业率最高

① Mobility A. Facts about Germany：Apprenticeships，Federal Foreign Office[J]. Journeyman，2014.

的国家之列，并且它是青年失业率最低的国家。这也凸显了双元制职业教育的价值，它也已经成为德国的出口产品，被许多国家采纳。充足的技术人才、基础设施和法律保障是使德国在许多国际排名中名列前茅的重要因素。

1949 年以来，社会市场经济模式构建是德国经济政策的基础。社会市场经济制度保障了企业的自由运营，德国同时致力于社会平等。这个战后由路德维希·艾哈德发展出的理念把德国带上了一条成功的发展道路。德国积极投身于全球化的构建，并致力于建立一个人人机会均等的可持续的全球性经济机制。

德国 2018 年工业企业（不含建筑业）总产值 8742 亿欧元，占国内生产总值的 25.8%。2018 年工业就业人数（不含建筑业）833.5 万，占国内总就业人数（4620 万）的 18%。工业结构及特点：①侧重重工业。汽车和机械制造、化工、电气等部门是支柱产业，其他制造行业如食品、纺织与服装、钢铁加工、采矿、精密仪器、光学以及航空航天业也很发达。②高度外向。主要工业部门的产品一半以上销往国外。③中小企业是中流砥柱。约 2/3 的工业企业雇员不到 100 名。众多中小企业专业化程度强、技术水平高、灵活性强。

1.2 国体和政体

德国是一个联邦制国家。1806 年罗马帝国崩溃后，拿破仑在德国强行组织了一个由法国控制的“莱茵同盟”（包括 21 个小邦）。1815 年拿破仑失败后，根据维也纳国际会议，德国实行“邦联制”（包括 34 个邦和 4 个市）。1848 年革命后，德国试图转变为“联邦制”，但未成功。1871 年，德国在统一后通过《德意志帝国宪法》，建立联邦制。1933 年希特勒上台，改联邦制为中央集权制。第二次世界大战后，西德恢复联邦制。1949 年西德通过《基本法》，相当于其他国家的宪法。该法规定了德国国家制度的五项基本原则，即德国是民主制国家、共和制国家、联邦制国家、法治国家和社会福利国家。

德国的政体是实行议会民主制下的总理负责制，由联邦议院和联邦参议院组成。联邦议院行使立法权，监督法律的执行，选举联邦总理，参与选举联邦总统和监督联邦政府的工作等，每届任期 4 年。参加联邦议院的各党议员分别组成议会党团。本届（第 19 届）联邦议院于 2017 年 10 月组成，共有

709 席。各党席位分配：联盟党（基民盟/基社盟）246 席，社民党 152 席，选择党 89 席，自民党 80 席，左翼党 69 席，联盟 90/绿党 67 席，无党籍 6 席。①

德国的共和制在宪法上首先表现为“德意志联邦共和国”的名称，通过选举产生的联邦总统是国家的首脑。总统在国际法上对外代表国家，对内任命联邦法官和官员，拥有赦免权。联邦总统由联邦大会选举产生，任期为 5 年。联邦大会由联邦议会的议员和同等数量的各州议会代表组成。在联邦德国，总统的权力受到很大限制，基本没有实际的政治权力，总统选举也与议会选举无关。德国的政治权力主要掌握在通过议会大选产生的联邦政府总理手中。

德国的联邦制意味着，不仅联邦共和国本身，而且 16 个联邦州都具有国家的性质。各州本身就是国家权力的实体，各州都有自己的宪法。在财政领域，各州有独立的财政权力。当然，各州的宪法必须与《基本法》所规定的国家制度的原则相符合。此外，各州在一定范围内有自己的立法、行政和司法权，同时，各州在涉及整个联邦的重大事务上有参与权，例如，在立法方面，代表各州的联邦参议院直接参与法律的制定，拥有共同立法权。在联邦的重要行政事务，尤其是重大的投资计划和财政事务上，联邦总理和部长无权直接做决定，必须和各州州长协商。德国有一个较为强有力的联邦政府，能够在很多领域施加影响。德国强调各地区公共服务水平的一致性和责任性，注重相互协调和合作。

德国法治国家的第一个基本原则是三权分立，即国家的权力分别由立法机关、行政机关和司法机关独立行使。第二个基本原则是法对国家一切行动具有不可更改的效力，即行政的合法性原则。宪法法院是德国法律体制的一个特殊设计。如果个人的基本权利受到侵犯，甚至是受到来自法院的侵犯，在个人的一切法律手段于专业法庭上已经用尽时，个人可以向宪法法院起诉。

1.3 德国政府架构

德国联邦政府由联邦总理和联邦各部部长组成。联邦总理是唯一由议会选举产生的政府成员，并且由他一人对议会负责。联邦总理拥有组阁权，即

① 德国国家概况来自中华人民共和国外交部官网。

各部部长都由总理提名，由总统任命。总理决定政府的政策方针和部长的工作范围。除了联邦政府各部外，德国的中央银行——德意志联邦银行也属于联邦一级的国家行政机构。

在德国，联邦的下一级行政单位是州，德国现有 13 个州和 3 个州级市，共 16 个州级行政单位。州具有高度的独立性。凡是法律没有规定由联邦履行的事务，都属于州法律的管辖范围。联邦的法律也需要落实到相应的州法律，才能在州内执行。在州政府中，州长是州政府的最高领导，并对州议会负责。州政府下设各个部，它们的名称和职能基本与联邦级别的部相对应。州的权力还在于对本州的行政管理，以及通过联邦参议院的途径参与联邦立法。各个州对州内的行政管理负责，同时它们的行政机关也负责执行联邦的法律与管理条例。

德国州以下的地方行政单位分为政府专区、市、县和镇等。有的州没有专区，有的州只有市，有的州则划分到镇。从财政权限的划分上看，德国的财政体系由三个层次组成：联邦、州、市镇。它表明在州以下只有一级财政层次，在这里统称为市镇，也称为地方政府。

值得注意的是，德国的联邦制从历史沿革上讲与其他一些更古老的联邦制国家相比差距很大，例如，瑞士和美国。[①] 之所以这样，部分是由于德国许多州是第二次世界大战后新建立的，比较典型的是巴伐利亚州、萨克森州，以及汉堡市和不来梅市。斯蒂芬・厄特指出，德国联邦制特殊性的另外一个原因在于德国是在 19 世纪普鲁士王国的统治下创立的。[②] 从那以后，德意志联邦制被用来作为确保君王和长官们统治影响力的机器。德国议院就是一个很好的例子，它的特点像极了德意志第二帝国（1871—1918 年）时期的联邦参议院。那时的老联邦参议院集合了各州由君主指定的长官代表，而根据现行《基本法》，现在的联邦参议院都是由各州选举产生的州长或者其代表组成的。而且，从 1871 年开始，德国联邦制的基本原则就不再是执行实际任务，而是进行职能的划分。俾斯麦时期的治理理念是将许多的政治领域进行中央集中管理，但是具体执行权下放到各州。直到今天，德国的立法权和执法权仍然是分开的。《基本法》主张的基本原则之一就是各州应当将执行联邦法律看作自身不可推脱的任务。

---

①② Peter, Franke. Integration und Subsidiarität im deutschen Bundesstaatsrecht: Untersuchungen Zur Bundesstaatstheorie Unter Dem Grundgesetz [J]. Zeitschrift Für Politik, 2002: 469 - 471.

1.4 德国经济体制

20 世纪 50 年代，联邦德国首任经济部长、前总理路德维希·艾哈德就为德国制定了社会市场经济模式，又称为莱茵模式。社会市场经济的核心在于建立和维护市场完全竞争的经济秩序，强调经济政策须遵循经济理性与社会福利相结合的原则，借助市场竞争提高人民福祉，导向社会公正。这些原则已经写入德国《基本法》，并被历届德国联邦政府遵循至今。

在社会市场经济框架下，经济政策须遵循结构和调控原则相结合的思路，消除市场上任何妨碍竞争的行为，以确保完全竞争。具体而言，结构原则立足于自由放任主义，相信市场具有自我调整力量，因此，国家竞争政策的核心是通过颁布针对企业妨碍竞争行为的具体法律法规，建立和维护完全竞争的市场经济秩序和市场结构。但是，如果市场仍然出现妨碍竞争或者危害竞争秩序的现象，则需要国家基于调控原则进行积极干预。

社会市场经济最初被认为是一个矛盾的概念。此外，在公共生活中模糊地使用该概念有时候也会掩盖其知识基础。社会市场经济概念是基于最近几十年通过研究获得的深刻见解，这表明，成功的经济政策需要一个协调原则。

瓦尔特·欧肯、弗朗茨·伯姆、弗里德里希·哈耶克、威廉·洛普克和亚历山大·吕斯托夫在发展其有关经济制度的理论时，都受到了他们对各种经济制度体验的影响。他们以及其他经济学家都意识到，如果竞争是大众社会主要的组织手段，那么就需要一个清晰的结构性框架来加以保护。社会市场经济概念是基于对战时经济体验进一步评估的结果之上的。社会市场经济的倡导者和新自由主义者都认为，虽然旧自由主义者承认竞争功能的重要性，但没有给予社会以及社会问题足够的重视。与旧自由主义者相反，新自由主义者并不打算恢复自由放任的经济制度，他们的目标是建立一种新的综合性经济制度。

社会市场经济概念与干预经济政策有很大的不同。后者综合了中央调控的因素和市场经济的因素，致使两种因素相互制约，阻碍了经济的发展。社会市场经济是一种有意识设计出来的、全球性的自由市场经济制度。竞争是经济协调的首要原则。它基于这样的认识：从历史上看，竞争性经济可能有极为不同的形式，在自由竞争的体制下，现代社会的社会责任能够比过去更好地履行。就此而言，这个新的目标不同于社会主义。社会主义力图通过中央集权实现社会改革，而社会市场经济的倡导者认为，有理由怀疑中央集权制度一旦建立能否抵抗住诱惑而不去干预人们的消费和工作的选择自由。因此社会市场经济概念可被定义为一项调控性政策，其目标是在竞争性经济的基础上，将自由意志和社会进步结合起来。

1.5 德国经济现状

在过去几年里，由于欧元危机、银行业危机、英国脱欧、民粹主义运动等，扰动欧洲政坛，德国的经济虽然保持连年增长，但增长日益乏力。据德国联邦统计局数据显示，2018 年德国国内生产总值较上年增长 1.5%，虽然实现了 2010 年以来连续第 9 年经济增长，但增速明显放缓，全年增长率创下 5 年来的新低，三季度甚至出现负增长，第四季度陷于停滞，勉强避免了衰退。而 2017 年，德国国内生产总值年增长率为 2.2%。目前，德国联邦政府又大幅调低了对 2019 年经济增长的预期，从 2018 年年底预测的 1.8% 下调至 1.0%，经合组织预测的增幅甚至只有 0.7%。可见，在连年高歌猛进的背后，德国经济并非没有隐患，而问题的不断积累甚至有可能会把其推向下行的拐点。与此同时，在就业方面，2018 年德国年度平均失业率为 5.8%，比 2017 年下降 0.5 个百分点，创下两德统一后的新低，长期失业人数亦创下历史新低。

综观 21 世纪以来的德国经济，面对全球化带来的竞争压力和增长乏力的问题，德国主要立足的是降低成本、促进出口，而非增加内需和投资。一方面，以施罗德的“2010 议程”为代表的一系列社会保障领域的改革，大幅提升了劳动市场的灵活性，在降低失业率的同时也抑制了工资和社会福利开支的增长，压低单位劳动成本意味着提升德国产品在国际市场的价格竞争力，促进了德国的出口；另一方面，欧元的引入导致德国货币被低估，同样有利于德国的出口。21 世纪初，德国出口在国内生产总值中的占比尚不足 1/3，占比 56% 的消费对经济增长的贡献远高于出口。到了 2018 年，德国的出口占比已经升至接近 47.5%，消费占比则下降至 52.5%，经常账户盈余达 2940 亿美元，连续三年居全球第一，占到国内生产总值的 7.4%。

在投资方面，2000 年，私营部门投资的国内生产总值占比为 8.4%，2018 年跌至 6.6%。这意味着，德国经济的主要拉动力源于海外市场的需求。其直接风险在于，虽然“德国制造”有自己的说服力，但出口毕竟很大程度上有赖于其他国家良好的经济状况，世界市场的任何风吹草动都有可能影响到德国的经济增长，而且这些外部环境的变化对德国而言几乎都是不可控的。

事实上，德国经济对外部经济环境的敏感度超过任何其他大型工业国，从股市反应就能看出这一点。2018 年，德国股票 Dax（达克斯）指数因意大利大选和法国“黄马甲”运动而出现的跌幅分别超过意大利和法国本国股指，德国上市公司中出口型企业的比重也超过其他工业国。换言之，德国经济对出口高度依赖，而主要出口市场的疲软和外部经济环境的恶化很可能使“出口”这个一度最强劲的经济增长引擎转变为德国经济的劣势。

2018 年德国出口较上年增长 2. 4%，出口总额连续第五年创新高，但相较 2017 年 6. 2% 的增长率，出口增速的放缓非常明显。这与近期的几重外部冲击有关：美国总统特朗普挑起贸易摩擦；2018 年大选之后，意大利的股市大幅下行，经济景气指标亦受重挫；英国脱欧问题带来巨大的不确定性，与公投前的 2016 年相比，2018 年德国对英国出口下降了 7%；法国的“黄马甲”运动打击了企业信心，使商业环境恶化。

与此同时，世界经济环境也是阴霾密布：欧元区整体经济增长放缓，欧盟委员会预计 2019 年欧元区经济增长率从 2018 年的 1. 8% 降至 1. 3%；土耳其、阿根廷货币贬值几近失控；2018 年 10 月的巴西大选中，右翼民粹主义候选人上台；全球互联网产业陷入寒冬。

鉴于持续财政盈余，德国联邦政府将在 2019 年增加社会性开支，如增加儿童补贴、提高个人免税额度。据德国主要经济研究机构预测，这些开支将使 2019 年的财政盈余减少 0. 5 个百分点，并从需求侧拉动产出。然而，面对经济增长放缓的压力，这样小规模的财政增支是否足以使德国经济免于被卷入下行的旋涡，尚是未知数。在经历连续几年的经济繁荣之后，2018 年德国的实际消费较 2017 年提高 1%，这样的国内消费动力显然无力扭转德国的出口依赖，在出口环境恶化的时期支撑德国经济增长也是勉为其难。

2018 年 10 月，德国国内货物订单较 2017 年时的峰值下跌了 7%，这意味着紧张情绪在经济界迅速蔓延，出于对未来的悲观预期，企业紧缩投资、减少雇员与经济下滑的负面征兆已然显现。当然，如果 2019 年英国能够有序脱欧，意大利能恢复增长，法国社会政治能回归平稳，德国经济很可能得以闪身躲过下行的旋涡，但指望外部环境的改善毕竟不是根本之策，解决经济的结构性问题才是长久之计。

表 1－2　　德国主要宏观经济指标变化趋势（2017—2019 年）　　（单位:%）

主要指标＼年份	2017	2018	2019
GDP 增长率	2.2	1.5	1.0
就业率增长率	1.4	1.3	0.9
失业率	6.3	5.8	4.9
消费增长率	2.0	1.0	1.4
出口增长率	6.2	2.4	2.7
进口增长率	4.8	3.4	4.0
外贸贡献增长率	0.3	－0.2	－0.3
工资水平变化率	2.5	3.2	3.1

资料来源：德国联邦统计局网站，德国联邦财政部网站。

2 德国联邦政府预算管理制度

2.1 德国联邦政府预算法律基础

根据德国的宪法和其他相关法律，德国联邦政府每年都需要提交一份预算草案，对联邦政府下一年度的财政支出安排以及财政资金的来源——包括财政收入和借债情况进行说明。预算草案只有在经过联邦议会审议修订和通过后，才可以正式立法，成为最终的预算法案。整个过程联邦参议院参与审议，但不需要其通过。

德国的预算编制全过程有着成熟完善的法律框架作为保障和依托。《基本法》为德国的财政管理和预算编制提供了根本框架，其他国家和联邦层面的法律法规则从更加具体和细致的角度规定了预算编制的基本原则，包括其年度性、统一性、灵活性、议会审批原则等。

2.1.1 《基本法》

德国是典型的联邦制国家，1949 年，德意志联邦共和国通过了《基本法》，即联邦德国宪法，《基本法》作为德国的宪法和第一大法，明确规定了国家的联邦性质以及公共预算的有关原则。根据《基本法》，德国国家预算由年度预算法和年度预算计划构成。所谓的预算计划由联邦政府起草。这个计划包括联邦成员的所有收入和开支。

《基本法》关于预算编制的规定：①联邦和各州的预算各自独立、互不依赖。联邦和各州编制预算时，应考虑整体经济平衡的需要。②联邦的全部收入和支出均应编入预算计划，预算计划必须保持收支平衡。③预算计划按年划分为一个财政年度或几个财政年度，预算计划应在第一个财政计划年度开始前由预算法予以确定。对于预算计划的部分内容，可规定按财政年度划分的不同期间分别有效。④2009 年起，“债务刹车”规定被写进了《基本法》，来加强对预算收支平衡原则的约束。

2.1.2 《联邦预算法》

德国《联邦预算法》主要规定了联邦政府预算的原则、预算编制和管理的基本流程，以及预算执行和审计的执行依据。该法律规定，在预算年度开始前，联邦政府应将预算草案提交到联邦参议院和联邦议院，提交日期通常不应迟于9 月 1 日之后的联邦议院的第一个会议周。同时还规定，联邦财政部应当就预算草案提交一份与总体经济发展联系在一起的有关财政经济现状及其预期发展的报告。

1967 年，德国修订了《联邦预算法》，确立了五大主要原则：①总体平衡原则。联邦和州在编制年度预算时必须考虑总体经济的平衡。经济总体平衡包括物价稳定、就业发展、对外经济平衡、经济持续和适度增长。②借贷适度原则。新《联邦预算法》规定，为保证总体平衡，联邦预算中允许计入国家信用收入，但是信用收入一般不允许超过预算中的投资支出，除非国民经济遇到严重、持续的困难和借贷特别有利于未来发展。③计划指导原则。联邦和州编制年度预算应以中期（5 年）财政收支计划为基础，中期财政规划应在联邦财政部部长推荐、并与州和地方的协作下制定。④统一分类原则。新《联邦预算法》规定，联邦、州和地方三级财政预算采用统一的分类格式，运用统一的评价标准，但各级政府的预算相互保持独立；提交议会审批的联邦预算主要按经济性质分类，按功能分类的预算主要用于使各部门明确任务和支出规模。⑤议会调整原则。新《联邦预算法》规定，议会有权对联邦预算草案进行修改和调整，但一般只限于预算支出的削减方面，否则应与政府协商。此后，德国的新《联邦预算法》又经过了多次修订。比较重要的修订有 1985 年关于预算审查现代化的规定、1990 年关于投资预算的规定、1994 年关于财政赤字的规定、1997 年关于财政可持续性的规定等。总体来说，新规则旨在加强预算约束、控制预算赤字。

2.1.3 《经济稳定与增长促进法》

德国的《经济稳定与增长促进法》[①] 规定了联邦政府和州政府的预算

① 《经济稳定与增长促进法》，1967 年颁布，1994 年修订。

都应该满足总体均衡原则，同时规定联邦政府有提交年度经济报告的义务，也就是说联邦政府必须在每年1月向联邦议院和联邦参议院提交年度经济报告，包括联邦政府在本年度内要致力于争取的经济和财政目标，并对本年内计划中的经济政策和财政政策加以说明。该法律还建立了经济协调储备金制度。为了防止对国民经济平衡的破坏，联邦政府经联邦参议院批准可以发布法律性命令，指示联邦与各州为它们各自的经济协调储备金提供资金，该资金不得超过联邦和各州在前一财政年度的税收收入的3%。

2.2 德国联邦政府预算编制办法

2.2.1 年度预算

德国联邦政府年度预算编制采用的是复式预算，即将预算年度内的全部财政收支按照收入来源和支出性质，分别编制两个或者两个以上的预算，形成两个或者两个以上的收支对照表。复式预算一般由经常项目预算和资本项目预算组成。经常项目预算主要以税收和部分非税收入为收入来源，以行政事业项目为支出对象。资本项目预算主要以国债和国外借款收入等为收入来源，以经济建设项目为支出对象。复式预算可以使政府摆脱正常财政收支的约束，便于政府灵活运用资本性投资和国债等手段来实施大规模的财政干预和经济刺激政策。但是其编制和实施都较为复杂，而且容易成为预算赤字持续膨胀的“遮阳伞”，为政府追求表面政绩提供便利，需要政府具有很高的自我约束能力。

德国联邦政府支出分为经常性支出和资本性支出，如表2-1所示，其中经常性支出主要包括联邦政府人员支出、设备购置支出、利息支出、对社会保障及对企业和个人的补助支出、对外援助支出等；资本性支出包括各类建设投资、对参股和控股公司的投资、对公共部门和非公共部门的贷款、对州及市镇投资项目的参与以及转移支付等。联邦政府收入分为税收收入和其他收入，如表2-2所示。其他收入主要是指债务发行收入、财产转让、贷款回流等。税收收入是联邦财政收入的主要部分，一般占德国联邦财政收入的90%以上。

表 2-1 德国联邦政府支出结构：经济分类（2013—2017 年） （单位：亿欧元）

年份	2013	2014	2015	2016	2017
财政支出总计	3078	2955	2993	3105	3254
经常性支出	2738	2656	2690	2766	2884
资本性支出	340	299	303	339	370
占总支出比重	%				
经常性支出	89	90	90	89	89
资本性支出	11	10	10	11	11

资料来源：德国联邦财政部网站。

表 2-2 德国联邦政府收入结构（2014—2019 年） （单位：亿欧元）

年度 项目	2014	2015	2016	2017	2018	2019
财政收入	2951	3111	3168	3304	3476	3506
税收收入	2708	2817	2890	3094	3224	3255
其他收入	243	294	278	210	252	251
税收收入占比	91.77%	90.55%	91.22%	93.64%	92.7%	92.8%

资料来源：德国联邦财政部网站。

2.2.2 中期财政规划

德国的中期预算称为中期财政规划，始于 1967 年，此时由于分裂的东西两德尚未统一，因此实施中期预算的只是当时的联邦德国政府。1990 年两德统一以后，才开始有完整的德国联邦政府的中期财政规划。中期财政规划是德国财政预算体系中的重要组成部分，中期财政规划的编制对单一年度的财政预算决策有重要的参考价值，对支出规模与结构的调整也发挥着明显的导向作用。

德国中期财政规划采取滚动预算的形式，是对连续多个年度的财政收支进行预测、规划或者规定的一种财政计划形式，是政府预算范围扩大的产物。德国联邦政府编制 5 年财政规划，是根据目前的发展水平等因素对未来 5 年所进行的预测。一是与国家的 5 年经济计划相适应；二是通过预测 5 年内的收入和支出格局，指导年度预算。年度预算必须以 5 年财政规划为依据，同时，5 年财政规划又是一个滚动的计划，需要在年度预算的基础上对未来几年的数据进行修正，逐年修改。

德国中期财政规划科目与项类划分比较详细。中期财政规划为达到可比性的目的必须以统一的体系来制订完整计划。公布的德国中期财政规划在支出方面通过大约 40 个模块组来反映描述支出的发展变化趋势，基本上聚焦了财政正常运行中的重要内容和着眼点。在管理互联网上，德国中期财政规划的数据在支出方面大约有 7400 个项目、在收入方面大约有 1100 个项目是可供使用的。

联邦政府和各州政府编制中期财政规划之所以采用所有收入与支出科目的形式，是为了在中期财政规划的框架下，人们可以更为清晰地了解一定时期内的财政发展规划，财政规划的目的成果需在年度财政预算中逐步体现出来，年度预算的主导方向也需与今后的发展规划保持一致。有了编制所有支出科目的基础，利用中期预算调整支出结构的目标与方向才能够具体显现出来。

中期财政规划可以弥补年度预算的一些不足：第一，它可以体现一个时期宏观经济的规划和目标要求，特别有利于财政活动适应总体经济的需要。第二，它可以使公共财政分别满足不同的要求，并从不同的方面来实现平衡，保证公共财政的有序和规范发展，防止政府的短期行为，从长期角度考虑财政收支问题。第三，它可以对宏观经济调节起到指导作用，并向社会发出信息，引导或者影响私人市场经济活动的发展。表 2 – 3 为 2014—2018 年联邦财政中期预算总收入与总支出一览。

表 2 – 3　　2014—2018 年联邦财政中期预算总收入与总支出一览　（单位：亿欧元）

收支＼年度	2013 年实际	2014 年预算	2015 年计划	2016 年计划	2017 年计划	2018 年计划
联邦财政支出总额	3078	2965	2995	3106	3199	3293
与前一年相比（%）	+0.4	−3.7	+1.0	+3.7	+3.0	+2.9
联邦财政收入总额	3078	2965	2995	3106	3199	3293

（续表）

年度 收支	2013 年 实际	2014 年 预算	2015 年 计划	2016 年 计划	2017 年 计划	2018 年 计划
税收收入	2598	2682	2785	2929	3007	3118
弥补赤字的净债务收入	221	65	0	0	0	0

资料来源：德国联邦财政部信息中心。

2.2.3 德国联邦政府预算编制程序

德国联邦财政年度采取历年制，即从每年的 1 月 1 日开始计算。德国联邦政府预算编制的主要特点是周期相对较短，从预算编制到完成立法一般不超过一年。

基本程序是联邦财政部在上一年的 12 月向联邦政府各个部门下达编制预算的通知，包括财政预算的政策框架、预算完成时间、具体要求和说明等。

3—4 月，各部门将完成的预算草案上交给联邦财政部和联邦审计署。财政部对各部门预算草案进行审核，并将审核意见提交给联邦经济技术部、联邦银行、联邦统计局、联邦经济顾问委员会以及各州财政部等，听取他们对部门预算审核的意见。同时，联邦审计署会将其对预算草案的独立审计结果提交联邦财政部。

5 月，联邦财政部根据当年的经济形势提出中期经济预测和中期财政规划，根据各部门的预算及相关意见起草联邦预算，联邦财政部与各政府部门的首脑进行协商，经过调整与修改之后形成联邦预算草案。

6 月，联邦财政部将联邦预算草案和中期财政规划提交给联邦政府，供内阁讨论通过。

8 月，内阁讨论通过后，将预算草案和中期财政规划提交给联邦议院及联邦参议院，以寻求议会的建议。

9 月，联邦总理将正式预算案提交给联邦议院进行讨论审议。联邦议院要在 6 周内提出审议意见。议会审议的一般程序：首先联邦财政部部长作财政报告，议会进行辩论后讨论形成一般性书面意见，联邦财政部根据议会的意见对预算案进行调整和修改并再次提交议会。然后联邦议院预算委员会对修改后的预算草案逐项进行审查、做出决议。最后由联邦议院全体投票表决，通过关于预算草案的决议。

11 月，联邦议院通过决议后，参议院开始审议。如果参议院对预算草案有异议，应在 3 周内向两院协调委员会提出，由协调委员会协商形成修改建议。

12 月，参议院通过预算决议。由联邦总统、总理、财政部部长联合签署后成为预算法案，在法律公报上颁布。

翌年 1 月，新财政年度开始。

表 2－4　德国联邦政府预算编制流程（以 2017 年为例）

时间	具体内容
2015 年 12 月	联邦财政部将预算编制通知发放给各预算部门
2016 年 3 月	各预算部门向财政部提交基础数据和预算框架
2016 年 4 月	财政部与各部门就预算草案进行商讨。各部门将建议反馈给财政部，并与之进行工作层面协商，先是司局级领导层面的协商，然后是部长级层面的协商，并召开中期财政规划评议会
2016 年 5—6 月	联邦政府审议批准预算方案。在与所有行政部门以及总统府、议会、联邦机构等协商后，财政部将年度预算方案提交联邦政府审议
2016 年 8 月	联邦政府将通过的预算草案提交联邦议院和联邦参议院审议，启动议会程序
2016 年 9 月	预算草案在联邦议院进行一读。议会就预算草案进行讨论并提出基本看法
2016 年 11 月	联邦参议院进行二读和三读。二读是由联邦参议院预算委员会将他们对预算草案的决议提交议会，逐个做出决议；三读是由议会对所有的关于预算草案的决议进行表决通过
2016 年 12 月	总统签发，预算案生效。两院通过后，由联邦总统等签署联邦预算法案，并于翌年 1 月 1 日生效

资料来源：作者根据相关资料整理。

2.3　德国联邦政府预算管理制度

在德国的预算管理过程中，联邦政府和议会都承担重要角色。联邦政府在预算编制和执行管理中发挥主要作用，议会在审批和决算中发挥主要作用。

2.3.1 联邦政府预算审批

作为一个联邦制国家，联邦政府与各联邦州政府之间是平等的，不存在上下级的从属关系，各州在《基本法》规定的前提下有较充分的行政自主权，有权按本州的实际情况编制财政预算。联邦政府的财政预算由联邦财政部部长负责，具体由联邦财政部的预算司来安排和协调预算相关工作，其主要职责是与各个部门协商年度支出预算和中期预算计划。收入的预算则由税务和财政政策司与相关部门之间进行预测与协调，从而形成联邦财政收入预算计划和上年度收入决算报告。预算计划草案形成后由联邦财政部部长呈报联邦总理，并交由政府内阁进行审批，审批通过的预算计划草案由联邦总理提交议会两院（议院与参议院）进行多轮讨论、辩论，其中出现的不同意见，将在议会、内阁、总理和财政部部长之间协商解决。经过审议的预算草案，其最终决定权属于立法机关——议会，最终审批权属于联邦议院。但同时，《基本法》第 113 条规定，联邦议院若要通过立法提高政府预算案中的支出或未来将带来新的支出，则需得到联邦政府的同意。凡是带有削减财政收入的法律或未来将带来财政收入削减的法律，也需得到联邦政府的同意。联邦政府有权要求联邦议院暂时中止此类法律的决议。若联邦议院已经通过法律，则联邦政府可以在四周内要求联邦议院重新进行决议。该条文的目的在于防范立法者单方面通过法律提高支出，促使立法、行政部门进行角力、协商。

审批通过的财政预算草案由议会签署年度预算法案，一旦形成预算法案，就具备了法律效力，在执行中原则上是刚性的，无论收入与支出，均应按预算法案实施。政府如要增加新的项目或增减收支预算，必须经过议会的审核批准，而议会提出增加支出或新增项目，相关法律也作出了须由联邦政府同意的规定条款。

2.3.2 联邦政府预算执行

政府预算报告是预算法案的重要文件，它对各大类预算收支特别是预算支出的增减均作了简明扼要的说明，对政策的变化进行了必要的阐述。在预算年度初期，联邦财政部会及时给各职能部门发出关于预算执行中技术和管理细则的通告，其中包括现金管理和财务管理的规定，形成一系列预算执行的内部控制制度。在必要情况下，也可制定有时限的、有针对性的控制措施，以达到强制约束预算支出的目的。例如，近三年来联邦政府为响应欧盟关于各成员国务必采取稳定机制，实行“债务刹车”的决议，采取强有力措施，尽可能地减少赤字，降低债务累积率，因此在年度预算执行过程中严格控制超额支出。对必需的、紧急的追加支出，联邦财政部首先在预算框架内进行调整，以削减其他支出来弥补追加的支出，在确实无可调整的情况下，再由议会批准追加。从2013年编制联邦财政中期预算草案开始，联邦政府就提出了要在2015年实现“年度预算赤字为零”的财政计划，即“债务刹车”规则。经过不懈的努力，2014年联邦财政提前完成了财政平衡收支计划，当年财政赤字显示为零，达到了40多年来的首次平衡。由此可见，德国联邦财政的预算管理水平是比较高的。

2.3.3 联邦政府预算审计

年度预算的审计包括内部审计和联邦审计署的外部审计。内部审计由联邦财政部内设机构来完成，主要针对预算的执行进度、状况、违规事项，预算合理增减的实行等方面来进行。外部审计由联邦审计署负责实施。德国《联邦预算法》第88条规定，包括其特殊财产和企业在内的联邦政府所有预算执行和经济执行，都应该由联邦审计署进行审计，联邦审计署可以根据审计结果向联邦议院、联邦参议院、联邦政府和联邦各部门进行咨询。联邦审计署向联邦议院或者联邦参议院进行咨询的，应同时通知联邦政府。

联邦审计署是完全独立的审计机构，根据《联邦预算执行审计条例》，联邦审计署对审计的部门、目标、时间、方式及范围有充分的自主决定权，并且可以依据各机关财务管理的状况来决定免于审计的单位。除了对联邦预算的执行情况进行审核外，联邦审计法院还以提供咨询建议的方式参与财政预算编制的全过程。联邦财政部每年年度结束时，会向议会提出年度财务报告，联邦审计署在依法对其审计后，于次年的8月底向议会、联邦政府提交审计报告，综合反映重要的审计结果和审计意见。除此之外，对于年度内例行审计中所发现的重大事项，联邦审计署也可随时向议会和政府提交专项的审计报告。

2.3.4 联邦政府预算管理制度创新

1. 探索以产出和成果为导向的支出预算管理模式

基于资金的使用者更了解资金的最佳用途这一现实，德国财政正在探索以产出和成果为导向的支出预算管理模式，联邦政府将支出权力下放到各部门，从事前审计转为事中和事后审计，增强各操作部门的资源控制权。这种模式为支出单位提供了更大的灵活性，给予部门及其管理者决策方面更大的自由。新的调控模式制定出统一的目标但不规定具体过程，以避免资金分配者的信息不对称，激发资金使用单位管理者的积极性，使其更谨慎地决定其投入资金的组合使用，以满足其对产出的要求，使资金发挥更大的效益。

2. 改革预算结余资金的管理

将原来的一年的预算一年使用、结余资金在预算年度结束后被收回的管理方式改为人员经费和正常公用经费预算结余资金留给部门继续使用，项目资金结余不能留用，将被联邦财政部收回，因特殊情况未执行完的项目结余可以申请结转下年继续使用，但不得调剂。这种制度能够激励部门按照自身情况来完成任务，鼓励部门节约资金，避免出现年终突击花钱的现象。

3. 探索政府采购电子化模式

德国联邦政府只有内政部、经济部、财政部和国防部四个部门有政府采购机构，且职能各不相同，采购品种各有侧重。为使需求者掌握更充分的供货信息，节约采购成本，防止采购过程中腐败现象的滋生，近几年联邦政府推行了政府采购电子化，建立了政府采购网站。国家以经济参与者的身份进入采购活动，而不是以权力者的身份指挥采购活动。联邦采购机构并不代替需求者直接采购各企业提供的商品，而仅仅是提供一个交易平台，将需求者（各政府部门）的需求信息收集起来，予以发布；各企业获取需求信息后提交报价单；采购机构最终通过与各企业谈判确定采购商品的配置和价格；真正的需求方（各政府部门）通过访问网站获取供货信息，并最终决定是否向网站提供的供货商进行采购。

2.4 德国联邦政府预算报告框架

德国是联邦制国家，实行联邦、州、市镇三级管理的财政体制，各级政府均有自己独立的预算，分别对各自的议会负责。

2.4.1 联邦政府预算报告流程

联邦财政部部长在预算递交议会后一般会在议会公开发言三次，第一次发言，像其他国家一样，联邦财政部部长在向联邦议会提交预算草案的同时要以报告的形式对预算草案进行解释说明。演讲一般在每年的9月。报告首先对过去一年来的国内外形势进行回顾和分析，[①] 包括经济形势、地缘政治形势、公共风险等方面。接着是对欧盟和欧元区的发展和挑战进行分析，并对欧元区的改革提出建议。之后，报告对议员们提出的与预算相关的问题进行解答，如债务问题、社保问题、难民问题等。此外，针对一些改革的核心领域，如教育、科研、减税、财政平衡等方面也会一一作出解释。在最后的总结部分，联邦财政部部长会列出未来一年的财政优先领域和致力解决的问题。

第二次发言是在议会就预算进行辩论的时候，那时联邦财政部部长也会就争议较大的内容进行陈述。第三次发言是在每年的 11 月，当预算案最终在议会表决通过时，联邦财政部部长还会再进行一次讲话，对最终的预算案版本进行解释。

2.4.2 联邦政府预算报告结构

联邦政府预算报告主要包括两大部分，一是议会审议通过的年度预算法案，文末有联邦总统、联邦总理和联邦财政部部长的签字，二是下一年度的年度预算计划。从形式上看，联邦预算包括年度预算法案和附属的预算报告。预算报告又包括总预算报告和部门预算报告。其中总预算报告既包括各个部门预算的总和，也要计算出下一年度联邦政府的借债情况。部门预算报告主要包括 21 个分报告，分别是联邦总统府、联邦议会、联邦参议院、14 个联邦部门、联邦宪法法院、联邦审计法院、联邦债务和总收入。每个分报告都有若干个章节，划分的依据是项目名称和各部委分支机构的名称，并根据具体内容安排在支出或者收入部分。从 2013 年开始，每份部门预算的前面都有一个序，对该部门的活动和政策目标进行一个简单的介绍。

2016 年德国联邦政府预算报告一共有 3080 页。主要包括两大部分，分别是 2016 年联邦政府预算法案和 2016 年联邦政府预算计划。其中 2016 年联邦政府预算计划又分为三个部分，分别是总的预算计划、预算详情、单项预算，表 2－5、表 2－6 为德国联邦政府总预算、预算详情的组成部分。

---

① 引自 http：//www. bundesfinanzministerium. de/Content/DE/Reden/2012/2012 －09 －11 －rede －einbringung －bundeshaushalt －2013. html#Start.

表 2 – 5　　　　德国联邦政府总预算的组成部分

总预算	
第一部分	预算总览
A	财政收入
B	财政支出
C	授权项目开支及年度分配方案
D	灵活性支出
第二部分	根据“债务刹车”规定所允许的最大赤字额度
第三部分	联邦政府融资概况
第四部分	联邦政府债务概况

资料来源：根据德国预算草案整理。

表 2 – 6　　　　德国联邦政府预算详情的组成部分

预算详情	
第一部分	分类总览
A	根据收支类别分类的收支概况
B	根据经济分类的收支概况
第二部分	功能分类
第三部分	预算详情
A	根据功能和收入类别分类的财政收入详情
B	根据功能和支出类别分类的财政支出详情
第四部分	人员概况
A	公务员职位设置情况
B	法院和检察院的职位设置情况
C	教授、讲师、研究员、副研究员的职位设置情况
D	普通员工岗位设置情况
E	军人岗位设置情况
F	截至 2014 年年底需要照顾的人员情况
第五部分	联邦特殊支出
第六部分	联邦最大的 20 项税收优惠
第七部分	其他规模较大的联邦税收优惠
第八部分	联邦最大的 20 项财政援助
第九部分	PPP 项目和私人融资的公共基础设施建设项目
第十部分	联邦从欧盟得到的收入类别

资料来源：根据德国预算草案整理。

2.5 2019 年德国联邦政府预算改革重点

2018 年 9 月 11 日，德国联邦财政部部长奥拉夫·肖尔茨向联邦议院提交了 2019 年德国联邦政府预算草案和中期财政规划，并向联邦议院作了政府预算报告。肖尔茨将 2019 年联邦政府预算草案总结为面向未来的、公平的、负责任的草案。2019 年，德国联邦财政收入和财政支出均为 3568 亿欧元，比 2018 年增加 3.8%。德国在未来四年仍将继续保持零赤字率的财政平衡政策。此外，根据德国宪法中“债务刹车”的规定，2019 年，德国在不增加新债务的前提下将继续缩减公共债务余额，并计划最晚于 2019 年年底将公共债务占 GDP 的比例降到《马斯特里赫特条约》中规定的 60% 以下。

2.5.1 财政支出改革重点

2019 年，德国联邦政府开始加大在基础设施、教育科研、民生等领域的支出和投入。

1. 加大基础设施建设投资

肖尔茨在报告中指出，将会增加联邦政府在城市轨道交通和基础教育设施上的投入。其中，城市轨道交通领域的联邦支出规模将会从每年 3.33 亿欧元增加到 10 亿欧元；此外，联邦政府在 2019—2022 年计划共投入 55 亿欧元用于改善幼儿园条件并扩建学位。但是，由于德国宪法规定基础教育和城市交通都属于地方事权和支出责任，一旦联邦政府的投资增加，很可能被联邦议院认定违宪，所以该投资能否顺利进行还需要得到联邦议院对于修宪的许可。

在数字化基础设施领域，2018 年，联邦政府成立了数字化基础设施专项基金，并投入了 24 亿欧元，用于推动德国宽带互联网建设和“数字学校”工程，未来四年，这项专项基金将继续进行投资并发挥作用。

此外，联邦政府计划未来四年在教育科研领域投入 950 亿欧元，与 2017 年中期财政规划相比，调整增加了 40 亿欧元。其中 2019 年计划投入 237 亿欧元。

2. 加大民生保障性支出

2019 年，德国联邦政府第二个工作重点是改善民生。财政部部长肖尔茨在报告中多次提到了社会凝聚力和公众的信心，并指出改善居民生活水平对增强社会凝聚力的关键作用。肖尔茨认为，现在国际上存在一种两极分化的现象，在亚洲、拉丁美洲等一些迅速崛起的国家，人们的生活开始越来越好，国民信心也日益提高；而在一些发达国家，发展的信心却在逐渐削弱，脱欧、右翼党当选都是公众信心削弱的表现。

一是要提高居民收入水平。为此，德国政府将多措并举，如增加雇员的抚育津贴，提高个人所得税扣除中的儿童抚养扣除，降低法定医疗保险和失业保险的缴纳额度。

二是要改善居民的居住条件，降低居住成本。当前德国部分地区房价上涨过快的势头明显，严重影响了普通居民的生活质量。同时，德国福利住房的数量不断下降，租房成本不断攀升。肖尔茨认为，居民住房只靠市场经济是无法得到有效保障的，政府的干预是必不可少的。

3. 增加国防和对外援助支出

肖尔茨在报告中还着重强调了国防支出和对外援助支出。2019 年，预算草案安排国防支出比 2018 年增加 40 亿欧元，预计达到 443 亿欧元，占 GDP 的百分比将增加到 1.2%。此外，对外发展援助和人道主义救援的经费都会有所增加。

2.5.2 财政收入改革重点

税收领域的重要改革就是土地税法的修订。土地税是各州政府的主要财政收入来源。肖尔茨提到要在 2019 年年底前完成土地税法的修订，修订后土地税的征收不再以土地本身的单位价值为征税基础，而转为以地皮的现有市价加上地皮上已有建筑物的价值来综合考虑。新税法的目标是在不减少地方政府财政收入的前提下，避免造成结构性增税，提高土地税征收的公平性和科学性。

2.5.3 欧盟内部合作

在欧盟层面，肖尔茨呼吁加强欧盟内部团结合作。2019 年，欧盟工作重点主要表现在两个方面：一方面，德国正在与法国一起，就欧元区统一预算进行磋商；另一方面，肖尔茨呼吁加强欧盟层面的军事合作和有效防御能力建设，如加强国防工业和军备购置合作。

总体上看，2019 年德国联邦政府预算草案是平衡稳健的，体现了德国政府一向稳健的财政政策。在连续数年实现财政略有盈余的情况下，联邦政府在控制公共债务方面取得了成效，有效提高了德国应对金融危机等风险的能力。在保持稳健财政政策的同时，德国联邦政府开始加大在基础设施、教育科研、民生等领域的支出和投入，表明德国联邦政府希望通过积极财政政策改善民生、提高德国经济总体竞争力的积极意愿。同时，德国呼吁欧盟内部能够加强团结，共同应对当下充满不确定性的国际环境。

2.6 小结

预算管理制度是国家管理财政资金的重要手段和工具。预算管理制度的改革是现代财政制度建立的关键环节，是现代国家治理的基本制度与法治国家的基本要求。德国联邦政府的预算管理具有法治化、制度化、刚性化、公开化以及内外部监管日常化的特点。

一是具有成熟完善的法律约束机制。德国联邦层面的预算编制有着成熟的法律基础和完善的预算管理框架做支撑。德国《基本法》和其他一些法律为预算的编制规定了总的原则和依据。例如，2009 年写进德国《基本法》的“债务刹车”规则对预算的编制和财政政策的制定形成了硬性约束。该规则要求联邦和各州的公共财政都要达到平衡状态，不允许有财政赤字。

二是强化与立法机构和公众的沟通交流。德国联邦议会和预算委员会在政府预算编制中发挥着十分重要的作用。《基本法》中允许德国议会密切参与年度预算和中期预算的编制，德国预算委员会可以直接与各行政部门就预算编制进行磋商。通常情况下，预算委员会提出的修订意见不会遭到议会的反对。此外，预算编制中增加第三方技术机构和专家的参与。德国联邦政府预算数据和经济数据的预测都来自独立的第三方技术专家，他们分工明确，做出来的预测是政府制定相关财政政策的重要依据，具有很高的权威性和参考意义。

三是预算编制中强调“物有所值”的原则。德国的资本预算非常重视资金的分配和使用目的，但由于历史原因，德国尚没有采取绩效预算，所以政府会更加强调“物有所值”的原则。尤其是针对 PPP 项目，会多次对其成本收益进行衡量和计算，同时还要通过议会的审核，以减少政治因素对资本项目的影响。

附：

2019 年德国联邦政府预算报告（全文）

奥拉夫·肖尔茨

总统先生！

女士们、先生们！

首先对总统先生的发言表示感谢，感谢总统先生呼吁我们每个人都加入建设包容而强大的国家的行列中来，与暴力分子和极端分子做斗争。

在我的发言开始之前，我首先要对在开姆尼茨和其他地点遇害的受害者表示沉痛哀悼，并对凶手表示强烈谴责。同时，我们不得不很遗憾地看到，凶手中出现了曾经为了寻求保护而来到德国的人。当前在德国生活的公民中，有将近 2000 万名公民是移民出身，或者他们的父辈曾经是移民，而现在，他们都在与我们并肩作战。

在此，我明确表态，没有什么能将我们分开。我们是一个完整的国家，永远不会被分裂，我们的公民也不会彼此分离。我们曾经战胜了分裂我们国家的高墙，我们不允许有新的高墙产生。

女士们，先生们，距离雷曼兄弟的倒闭已经过去了整整十年的时间，之后爆发的全球范围内的金融危机给德国经济也带来了巨大的负面影响。我依然记得，当时我身为劳动和社会部部长，不得不时刻根据瞬息万变的国际经济形势做出应对。2008 年 11 月，我们的政府尚在讨论采取措施应对工作强度过大的现象，进入 2009 年，我们却不得不开始与经济危机带来的就业萧条做斗争。

当然，金融危机的爆发也导致我们与美国的关系发生了变化。美国的私人债务率一再攀升，包括德国在内的许多欧洲国家的银行和其他金融机构都参与了对这些私人债务的融资，这也是造成经济动荡的原因。

金融危机发生后，我们一直在想办法挽救，但金融危机带来的负面影响依旧可见。2010 年爆发的主权债务危机，又称“欧债危机”，就是金融危机造成的后果之一，这主要是因为金融危机爆发后，许多国家不得不通过借债来稳定经济和金融部门。这也是世界经济格局发生转变的表现之一。

为了应对主权债务危机，我们采取了很多必要措施，同时，为了提高防范风险的能力，我们在欧盟层面建立了新的应对机制，例如，具有预警作用的欧洲金融稳定机制和欧洲稳定机制。同时，我们也为欧洲其他国家提供金融支持，帮助它们应对资金链的断裂，这些国家包括爱尔兰、葡萄牙、西班牙、塞浦路斯和希腊。十年后的今天，随着希腊正式退出救助计划，重新返回金融市场，欧洲的主权债务危机正式结束。

但是，我要强调的是，我们必须继续采取防范措施，提高危机应对能力，以防范新危机的发生。我很高兴地告诉大家，我和法国财政部部长布鲁诺·勒梅尔前不久已经在梅瑟堡就欧盟共同预算初步达成一致，并正在紧锣密鼓地往前迈进，这也是未来防范和应对危机的关键举措。同时，我认为，组建银行联盟的任务也应当列为今年欧盟层面的最重要任务之一。

在我看来，这意味着我们在欧盟层面必须保持团结，具有整体观，不管是在财政政策方面，还是在外交政策方面，我们都必须保持立场一致。

安全政策方面，重点在联邦预算中国防开支的安排上，也就是说，必须思考如何安排德国的发展援助和联邦国防军开支，使其能够应对来自国际的挑战。过去，我们在国防和发展援助方面的支出占比并不是很多，但是从去年开始，我们开始考虑增加国防预算。我认为，这对联邦德国来说是正确的选择。

当然，这一切都必须在欧洲的整体发展框架下通盘考虑。一直以来，我都在强调，紧密团结是欧洲各国开展有效防御、保证军事安全的基础，这一方面体现在欧洲的国防工业合作上，另一方面体现在共同的军备购置上。这不是哪个国家能够单独完成的，这是整个欧洲的任务，必须在欧洲层面进行推进。

还有生态环境方面的挑战。我们要提高应对气候变化的能力，来面对不断变化的环境条件问题，并更好地防范和化解气候变化带来的后果。

我们大家都能感受到，上述金融危机的爆发使整个欧洲团结得更加紧密。我们致力于加强欧洲层面各个机制的建设，这既是我们未来的核心任务，也是联邦预算草案和联邦政府的政策目标所强调的重点。

我们深知，只有拥有稳固的财政基础，政策目标才有可能实现。因此，在金融危机爆发后的第十个年头，我们在这里宣布，德国将在今年或者明年达到《马斯特里赫特条约》规定的60%的负债率。这是联邦德国的正确选择，也是顺应局势的要求——危机爆发后，我们不得不通过提高债务率来支持大规模投资，当危机过后，就需要重新降低债务率。这正是凯恩斯主义理论所倡导的。未来我们仍将坚持稳健的财政政策。

从当前数据来看，新的危机不会很快到来。未来几年的发展前景还是很好的。但有一件事我们要知道，正如我们在 2008 年很难预测到 2009 年和 2010 年发生的事情一样，我们现在也很难拍着胸脯保证，未来几年不会发生危机。因此不管是在德国层面，还是在欧盟层面，我们都必须尽快建立一个稳健的预算框架。

此外，我们有义务提高国内公众对未来发展的信心。现在国际上存在着一种奇怪的现象：一方面，在亚洲、拉丁美洲以及其他中产阶级迅速崛起的国家，人们的生活越来越好，国民的信心也日益提高；另一方面，在一些发达国家，发展的信心却在逐渐减弱，这从一些国家的总统选举、脱离欧盟以及许多右翼民粹党在选举中胜出等都可以看出。

因此，我认为现在急需通过制定相关政策，来帮助每个人提升信心。但有一点同时也需要明确：美好生活不是你想要什么样就是什么样，而是要相信，通过我们大家共同的努力，不断应对挑战，能够使我们的生活一天比一天好。联邦预算的制定能够帮助我们提升对未来美好生活的信心。以家庭救济方案为例，通过增加基本津贴和儿童抚养扣除，我们为德国的家庭减负已经达到数亿欧元。

在本年度的预算草案中，我们决定增加对法定医疗保险的财政补贴。这可能会增加联邦的财政压力，但我们更在乎的是，这项措施会改善数百万国民的生活，减轻他们的负担。此外，联邦政府还决定降低失业保险金的缴纳额度，但同时，联邦政府表示会确保联邦劳动与就业署有足够的资金储备来应对危机。

要知道，我们能从上一场危机中走过来，一个很重要的原因是所谓的“自动稳定器”发挥了作用，我们的社保储备也为此做出了巨大贡献，使那些在危机中失去工作的人可以得到生活保障，公共服务的提供也可以得到持续运转。假设未来还会发生像 2008—2009 年那样规模的危机，并假设经济学家估算我们需要大约 200 亿欧元的财政资金来应对该危机造成的失业，那么我们就需要有相当规模的资金作为应急储备。所以，在降低失业保险缴纳额度的同时，我们要向公众宣传缴纳失业保险对应对危机的重要性。当然，我们要尽可能想办法将社会中现存的失业人口纳入就业市场，我深信，我们每个人都非常愿意用自己的双手来维持生计。

还有养老保险的改革问题。今年，我们推出了一个有助于改善退休人员养老待遇的方案，明年我们计划再推出一个方案。今年方案的关注重点主要是收入能力下降的人和身为人母的职业女性。一方面我们要减轻他们的缴纳负担，另一方面要确保他们在退休之后福利不会受损。这是我们取得的一大进步。同时，我们决定成立一个养老委员会，并正在研究该委员会应该如何发挥作用，使我们将来能够拥有稳定的养老金。有专家提出，在减少养老保险缴纳方面应当有一个上限，而且养老保险的给付水平也应当有个上限，以保证未来二三十年养老保险的稳定性和可持续性，我同意上述专家的意见，这是十分必要的。

未成年人的成长问题也是我们预算草案关注的重点之一。《优质保育法案》（Gute－Kita－Gesetz）是一个很好的改革探索，我们正在研究如何为其提供财政资金保障。作为政府，要为我们国家的儿童提供好的生长环境，并帮助孩子的父母为孩子提供优质的成长环境。因此，《优质保育法案》是促使联邦政府与地方政府一起改善德国儿童成长环境的重要里程碑。在此，结合我在汉萨市做市长的经历，我认为，在为孩子提供优质环境的同时，为他们的家庭减少开支、减轻负担也同样重要。减负的对象不只是针对低收入父母，即使是正常收入水平的父母，也应纳入减负的范围。

展望未来，我们充满信心。不单单是在我刚才提到的几个方面，房地产市场的改善也是我们需要解决的问题。在大城市和其他一些宜居城市，公寓和住房面临着供不应求的局面，房价持续上涨，普通百姓靠正常收入已经无法负担高昂的房价。我认为，这些没有能力承担高昂房价的公众，应当有资格申请福利租房。所以，政府应当加大对福利住房建设的资金投入。为了保证这项改革的可持续性和稳定性，我们需要对宪法进行修改，所以我希望联邦议院也参与到这项改革中来。

为了支持家庭自建或购买住宅，并为他们提供财政保障，联邦政府出台了住房津贴政策。此外，我们还在想办法通过修改折旧条件等措施来鼓励短期内住房建设方面的私人投资。联邦议院和联邦政府不光要关心这些政策的实施成本和财政支出的规模，更要关心房租的稳定，保证其不会因为房源供不应求而暴涨。我们需要加大对租房者的保护，对房租价格制定一个上限。

因此，联邦政府启动了租户保护法的起草和制定工作。为了保证该法案出台后能够达到既定的目的，目前该法案正处于研究讨论阶段。我坚信，单纯依靠市场的力量并不能实现房地产市场的健康发展，我们希望在德国，所有普通收入的个人和家庭都能够住有所居。同时，富人和穷人的生活环境也不应当有所区别，在那些高昂房价住宅的周围，也一定要有福利公寓的存在。

如您所见，联邦政府通过一揽子政策和联邦预算的安排，为未来开创了重要的美好愿景，也为提升公众的信心提供了政策支持，人们不会再一味听信那些悲观主义者的一面之词。

之前我特意谈到了社会凝聚力问题，谈到了我们如何通过改善教育、改善日托以及为儿童做一些其他事情来改善社会现状。当然，这还不够，我们还需要继续加大基础设施建设的投资。让我们感到欣慰的是，本年度的预算案中基础设施建设投资占的比重非常高，而且这种高水平的投资份额在未来几年仍将得到保持，我认为这是十分必要的。举例来说，为了适应经济结构调整和经济增长的需要，联邦政府计划增加在公路、铁路和水路方面的投资。

我们知道，现在的经济结构与本世纪初相比已经大不相同。与现在修一条公路得到的经济收益相比，当时我国修建首条公路得到的经济收益简直不可同日而语。但是有一点是可以肯定的：基础设施投资会一如既往地为我们带来经济增长。联邦政府正在创造条件增加基础设施投资，并加快建设项目的规划进程，以使基础设施更快为经济增长贡献力量。我认为这是正确的选择。当然，我们也希望通过修改宪法，鼓励大城市的居民更多乘坐地铁和城铁等环保交通工具。

未来，我们国家将越来越依赖于数字基础设施。我们设想，未来移动无线电波频段正式投入运营产生的收益将全部用来扩建数字基础设施。但是我们不愿意等到那个时候才开始行动，我们希望尽快为数字基础设施领域的投资扫清障碍，比如在光纤网络的研发方面。因此，我们做出了一个对德国未来发展具有重要意义的决定：联邦政府在每年财政盈余的基础上成立了一个专项基金，为数字基础设施的研发提供资金支持，作为运营收益投资前的替代方案。我们这样做的目的只有一个，就是加快数字基础设施建设的速度。此前我们已经对此讨论得够多了，现在需要付诸实际行动了。这是我们经过认真思考后决定的。

当然，我知道上述措施只是我们国家未来数字化发展的一个方面，此外还有很多方面需要加速发展。除了基础设施建设，我们还需要提高人员的专业水平，使其具备使用先进技术进行研发的能力，研发出能够与人工智能和其他所有新技术和新发展机遇相匹配的研发设备。这些在联邦预算草案中都有所考虑和体现。

回到我刚才所说的话：我们应该有这个雄心壮志，不把世界数字化转型带来的机遇让渡给其他公司。这句话不仅适用于企业，同样也适用于德国和整个欧洲。我们的企业有这个实力和条件，政府必须为它们提供支持。有一点是非常明确的：依靠我们现有的能力，还无法保证未来的美好生活。因此，我们必须以增加投资的方式来为未来创造条件。因此，请容许我再强调一遍，把这个领域作为我们投资战略的重点，这是绝对正确的。

此外，联邦政府和联邦议院还在努力帮助各州和市镇，对教育财政体制进行改革，现在我们已经找准了方向。我们已经决定对宪法进行修订，允许联邦政府参与全国的中小学校舍建设投资。我现在正在为此进行努力，因为只有得到联邦政府的帮助，各个州和市镇在教育领域的很多项目才有足够的财政资金做保障，我们的未来才会更加美好。

我一直强调，这些问题不是任何人靠着单打独斗就可以解决的，团结是解决这些问题的重要前提。我想大多数人都明白这个道理。

为了我们国家的未来，还必须确保我们的国家运行良好。联邦议院议长在一开始就指出：我们是一个包容而强大的国家。我对此表示同意。为此，我们显然必须为国家的良好运行创造条件。但是，令人难以置信的是，在我们的许多联邦机构中，雇员的劳动合同都有时间年限限制，而且解雇没有任何理由。

我认为，我们应当取消那些非永久性的雇用合同，给联邦雇员一个安全有保障的工作前景，这是十分重要的。这同样有利于提高工作质量。因为很多人经过长年的学习，已经掌握了做好工作需要的技能，但这个时候却突然要被他人所取代，这就是非永久性工作的局限性所在。我们必须对此做出改革，而且我们已经做到了。此外，在其他工作劳动领域，例如在企业，政府也正在为取消工作年限的限制而制定相应政策。不管是在联邦层面，还是州和市镇层面，政府都在为劳动法的完善而努力。

要建立一个包容而强大的国家，还需要有足够多的就业人口。所以，海关部门决定联合警方和联邦安全部门一起，规范就业登记，扩展就业人口，坚决抵制打黑工的现象。这项改革不仅会加强我们国家的安全，而且会保障公民的就业和劳动权利。当然，联邦移民和难民署也应当在其中发挥作用。我已经与内政部部长达成一致，我们将完善这些机构的工作设备，升级 IT 技术，提高这些机构的工作效率，完善它们的招聘信息公示系统和办公系统。

我们现在要谈到的另一个话题就是未来地方政府的财政收入问题。进行一场关于预算的辩论是一个表达每个人想法的绝佳机会。2019 年，我们将为未来土地税改革打下基础。所有人都认为现在的土地税征税方法很不公平。联邦宪法法院对此已经做出决定，要求立法机构修改土地税法，今后土地税的征收不再以土地本身的单位价值为征税基础，而转为以地皮的现有市价加上地皮上已有建筑物的价值来综合考虑。但是很遗憾，我们作为政府部门没有在联邦宪法法院作出该决定前，对土地税进行改革，这是我们政策上的失误。

联邦宪法法院已经通知立法机构，要在明年年底前拿出新的土地税法草案，并要对 2020 年新税法实行后的效果进行一个预估。虽然这有些难度，但我认为在我们大家的通力合作之下，是可以办到的。我们已经没有太多的时间来讨论理论模型和对每一种假设进行分析。我们只有互相理解，拿出一致的方案，才能顺利取得成功。我正在就各种可能性与州政府进行商讨，我们今年年底之前就可以拿出一份关于土地税征收办法的提案，以使土地税的设计更加公平、更加简便。有一点可以请大家放心，新提案既不会减少对于市镇政府来说非常重要的土地税收入，也不会造成结构性的税收增加。我们的工作不是开发新的税源，而是通过改革为未来市镇政府的财政收入提供切合实际的保障。这项工作很难，但很重要。

女士们，先生们，我们国家必须团结一致。对此，联邦预算正在努力做出自己的贡献。听了我的陈述，希望你们能相信，我们在预算草案中做出的决定和做出的财政资金安排，将会使我们的国家更加强大，将会确保我们国家的内外安全，将会提升我国的基础设施水平和高科技水平，将会保障未来的经济增长和就业，将会增加整个社会的凝聚力。

这就是这份联邦预算报告的主要内容。总有人觉得这份预算报告中的某些内容和数额安排太多或者太少。但我认为，不管怎么样，我们正在沿着正确的道路前进，我们总比那些企图分裂国家的人交出的答案更令人满意。我们永远不允许分裂国家的行为发生。

谢谢！

3 德国税收制度

3.1 直接税与间接税并驾齐驱

德国目前有大约30个税种。德国税收的基本分类是直接税和间接税。直接税，顾名思义，就是纳税义务人与税收的实际负担者是同一个人。直接税的征收过程中不存在税收负担的转嫁。直接税的纳税人，不管是从表面上，还是实质上，都是税收的承担者。直接税包括个人所得税、企业所得税、财产税、财产交易税、营业税等。间接税是指纳税义务人不是税收的实际负担人，纳税义务人能够用提高价格或提高收费标准等方法把税收负担转嫁给别人。间接税税收的纳税人，虽然表面上负有纳税义务，但是实际上已将自己的税款加于所销售商品的价格上，由消费者负担或用其他方式转嫁给别人，即纳税人与负税人不一致。间接税包括增值税、关税、消费税（能源税、烟草税、咖啡税）等。尽管税目繁多，但重点却十分突出：德国主体税种是所得税和增值税，二者占德国税收总额约60%；其余各种税占税收总额约40%。

德国实行直接税和间接税并重的双主体结构，并且直接税比例逐年增加，如表3－1所示。就单项税种来说，德国的个人所得税为最大税种，如表3－2所示，根据联邦统计数据，2017年，德国个人所得税占总税收收入的34.7%，其次是增值税，作为间接税的最大税种，占全部税收收入的23.2%。

表3－1　德国直接税与间接税占比　（单位:%）

年份	2014	2015	2016	2017
直接税	52.2	52.6	53.7	54.9
间接税	47.8	47.4	46.3	45.1

资料来源：德国联邦财政部网站。

表 3-2　　德国主要税种占比　　（单位:%）

年份	2014	2015	2016	2017
个人所得税	33.2	33.8	33.8	34.7
企业所得税	3.1	2.9	3.9	4.0
增值税	24.0	23.6	23.5	23.2

资料来源：德国联邦统计局网站。

3.1.1 个人所得税

个人所得税是德国最大的税种，其法律依据是《个人所得税法》（EK-StG）。德国个人所得税的纳税人分为无限纳税人和有限纳税人。德国常住居民（在德国有长期或习惯住所）承担无限纳税义务，按其国内外的全部所得纳税；非德国常住居民承担有限纳税义务，通常仅按其在德国境内的收入缴税。个人收入所得税征收的范围包括从事农业和林业的收入，从事工商业的收入，从事自由职业的收入，受雇工作所得，投资所得，租金收入和著作、专利等所得，其他收入。

上述收入总额减去法律所允许的免税数额后的余额，即为应税所得。德国个人所得税主要采用“分期预缴、年终汇总核算清缴、多退少补”的办法征收，但对工资、利息、股息和红利等所得则采用预提法进行来源课税。2018 年个人所得税起征额（全年收入）为 9000 欧元，最低税率为 14%，年收入超过 260532 欧元时，累进税率最高为 45%。

1. 工资税（Lohnsteuer）

工资税是个人所得税最重要的一种征收形式，工资税金额由税务部门制定的工资税对照表确定。在德国，雇主有义务在向雇员发放工资或薪金时代扣工资税。

2. 清偿税

又称金融投资利税（Abgeltungssteuer），是针对自然人股东通过私人资产投资所获红利或投机收入而征收的税项。税率一般为所获红利或投机收入的 25%。若该自然人股东个人所得税率低于 25%，可以申请按照其个人所得税率替代清偿税。

3. 团结附加税等

1990 年两德统一后，为支付统一带来的财政负担和加快东部地区建设，于1991年开征团结附加税（Solidaritätszuschlag）。目前，团结附加税的税率是个人所得税额的5.5%。从2021年开始，德国将从中低收入者入手，分步骤逐渐取消团结附加税。此外，教会成员需要缴纳教会税（Kirchensteuer）。根据所在联邦州的不同规定，教会税税率为个人所得税额的8%或9%。

4. 免税款项和金额

2018年雇员收入年度基本免税额为1000欧元，红利与投资收入年度免税额为801欧元，其他收入年度免税额为102欧元。夫妻合并报税，免税额加倍。此外，还有上班交通费抵税，每年最高抵扣4500欧元。

3.1.2 企业所得税

企业所得税又称公司税或法人税，其法律依据是《企业所得税法》（KStG）。以资合公司形式成立的企业是德国企业所得税的纳税主体。企业所得税纳税主体分为无限纳税人和有限纳税人，凡总部和业务管理机构在德国境内的企业承担无限纳税义务，就其境内外全部所得纳税；凡总部和业务管理机构不在德国境内的企业承担有限纳税义务，仅就其在德国境内所得纳税。企业所得税属联邦税，征收方法与个人所得税类似。从2008年起，企业所得税税率从25%下降到15%。

3.1.3 增值税

增值税属共享税，是德国联邦政府最重要的收入来源。征收范围涉及商品生产、流通、进口环节和服务等领域。

德国的增值税体系要求由最终消费者实际承担增值税，因此从严格意义上讲，增值税并不是企业的税务负担。德国于1968年开征此税，1968年到1983年7月1日前，标准税率为13%，轻税率为6.5%（后改为7%）。目前，增值税采取发票扣税法征收，一般税率为19%，部分商品（如食品、农产品、出版物和2010年新增的酒店业等）税率为7%。原则上对所有在德国国内发生的产品和服务交易征收增值税，但对有些商业活动予以免税，如出口、部分银行和保险业务。增值税税基是商品或服务的交易净价。在德国，所有货物和服务的商业交易都要开具发票，发票上要列明货物或服务的价格（净价），适用的增值税率、税额和最终含税价（总价）。货物或服务购买者所要支付的就是发票中列明的含税总价。企业在出售产品或服务之前，通常需购买其他企业的产品或服务，用于再加工或应用（而非自己消费），购买时支付款项中也包含增值税。这一部分预交增值税可在该企业每月或每季度申报应纳增值税税额中扣除。

3.1.4　营业税

营业税是由地方政府对企业营业收益征收的税种，其法律依据是《营业税法》（GewStG）。所有在德国经营的企业都是该税种的征收对象，不论其企业的法律形式是人合公司还是资合公司。该税的税基是企业当年的营业收益，营业收益基于《企业所得税法》所依据的利润，经《营业税法》规定的增减项修正后计算得出。德国各地营业税税率从7%到17%不等。营业税的税率确定方法比较特殊，先由联邦政府确定统一的税率指数，目前德国联邦政府确定的税率指数是3.5%，再由各地方政府确定本地方的稽征率，平均稽征率介于350%~400%，不得低于200%。法律没有规定稽征率上限，通常大城市也未超过490%。企业营业税计算公式：企业收入×税率指数×稽征率。近年来，德国部分地区通过降低稽征率以减轻当地企业营业税税负，并以此作为促进新企业建立和吸引外来投资的一项优惠措施。

3.1.5　地产税

德国市镇政府每年向在其辖区内的房地产所有者征收地产税。地产税又分对农林业用地征收的“A类”和对其他用地征收的“B类”两种，税基是根据评估法确定的房地产价值（该地产价值由各地税务局确定，每6年核定一次，与市场价格无关），税率的确定过程与营业税类似，也是由德国联邦政府制定统一的税率指数，然后由各地方政府自行确定稽征率，二者乘积即地产税税率。对于A类地产税，全德统一税率指数是6‰，2003年全德各地方平均稽征率是282%；对于B类地产税，根据房地产种类不同，西部地区的税率指数一般在2.6‰~3.5‰，东部地区的税率指数在5‰~10‰，2005年德国全国B类地产税的平均稽征率是392%。

3.1.6　地产购置税

在德国境内进行房地产买卖须缴纳地产购置税。该税税基是地产交易标的物的实际交易价格或依法估定的价格，各州现行平均税率5%左右。

3.2 德国税收收入发展趋势

2018 年 5 月上旬在美因茨召开的第 153 次税收预测工作会上，德国税收预测工作委员会委员和多位专家、学者对近期的经济形势做了客观的分析与评价，对德国社会经济的未来发展趋势进行了深入的研究探讨，依据目前法定的税则税率以及宏观经济的发展速度，对 2018—2022 年的全国税收收入作出预测，预测结果形成了这一阶段的各级政府中期预算收入的基础数据。

3.2.1 全国税收收入发展趋势

表 3－3 是德国联邦财政部 2018 年初发布的 2016—2022 年德国全国税收实际与预测结果一览。从预测的结果可以看到，德国从 2018—2022 年的 GDP 增速保持在 3% 以上，在 3.3%~4.2%，预测这一阶段经济发展处于比较平稳的状态。在此基础上，全国税收的增加幅度保持在 3.8%~5.1%，高于 GDP 的增速。最低的是 2022 年的 3.8%，最高的是 2018 年的 5.1%。本中期预算周期内，全国税收占 GDP 的比例基本保持在 23% 左右的水平上。

在税收分配上，2017 年联邦财政税收占全国税收总额的 42.1%，各联邦州税收总计占全国税收总额的 40.6%，地市级税收总计占全国税收总额的 14.3%，欧盟税额占全国税收总额的 3%。2018 年，各级政府税收所得占全国税收总额的比例仅有极微小的变化，其结果不会影响现有的分配格局。

表 3－3　　2016—2022 年德国全国税收实际与预测结果一览

年份	2016	2017	2018	2019	2020	2021	2022
	实际		预测				
税收全国总计（百万欧元）	705792	734512	772090	806925	838938	873165	905912
与前一年相比（%）	4.8	4.1	5.1	4.5	4.0	4.1	3.8
国内生产总值（GDP）（10 亿欧元）	31441	32634	34020	35390	36550	37750	38990
与前一年相比（%）	3.3	3.8	4.2	4.0	3.3	3.3	3.3
税收占 GDP 比例（%）	22.45	22.51	22.70	22.80	22.95	23.13	23.23

（续表）

年份	2016	2017	2018	2019	2020	2021	2022
税收的分配							
	实际		预测				
联邦政府（百万欧元）	289018	309361	321336	334845	341406	354744	367671
与前一年相比（%）	2.3	7.0	3.9	4.2	2.0	3.9	3.6
州政府总计（百万欧元）	288673	298414	310276	320670	337053	351290	365088
与前一年相比（%）	7.6	3.4	4.0	3.3	5.1	4.2	3.9
地方政府税收总计（百万欧元）	98827	105055	110158	114870	123599	128721	133503
与前一年相比（%）	7.1	6.3	4.9	4.3	7.6	4.1	3.7
欧盟（百万欧元）	29274	21682	30320	36540	36880	38410	39650
与前一年相比（%）	-5.4	-25.9	39.8	20.5	0.9	4.1	3.2

资料来源：德国联邦财政部网站。

3.2.2 联邦政府税收收入发展趋势

表3-4和表3-5是预测委员会对联邦财政税收实际及第153次预测结果一览。表中数据源自第153次预测结果。其中2016年、2017年为实际完成数据，2018年、2019年为预测数据。

联邦财政的税收由共享税和专享税两部分构成。2017年联邦政府的税收总额在扣除欧盟税和专项转移支付之前约为3533.5亿欧元，其中共享税税收2534.2亿欧元，约占总额的71.7%，专享税税收约999.3亿欧元，约占总额的28.3%。由此可见，共享税是联邦税收的主要来源。扣除欧盟税和专项转移支付440亿欧元后，实际税收总额约为3094亿欧元。

专享税中，能源税、烟草税、保险税以及团结附加税是联邦专享的支柱型税种，2017年这4项税收共计866.4亿欧元，约占专享税总额的86.7%。共享税中，增值税（包括国内和进口）排在税收的第一位，其次为个人所得税中的工资税和估定收入税，2017年增值税和个人所得税合计达到2336.2亿欧元，占联邦所得共享税的66.1%，这一比例比2016年的63.9%提高了2.2%。

表 3-4　联邦财政税收实际及第 153 次预测结果一览（共享税及专享税总计）

项目＼年度	2016 实际	2017 实际	2018 预测	2019 预测
联邦税收中的共享税（百万欧元）				
工资税部分	78551.1	83097.6	87741	93543
估定收入税部分	22879.0	25257.0	26201	28008
非估定收入税部分	9275.8	10459.0	10950	10820
出售转让、利息税部分	2613.4	3226.6	3474	3540
企业所得税部分	13721.0	14629.4	16165	17355
营业与流转税收收入部分	107328.6	114805.2	118226	127027
其中：增值税	82036.6	86475.3	89022	95639
进口增值税	25292.0	28329.9	29204	31388
营业税工商税分摊	1755.0	1940.8	1971	2052
纯联邦税收（联邦专享税）	104440.9	99933.6	108562	110160
联邦税收在扣除欧盟税和专项转移支付之前的总额	341014.8	353349.3	373291	392503
向欧盟缴纳的税额	-24160.6	-16619.7	-25120	-31240
其中				
增值税税额	-4250.1	-2362.2	-2510	-2590
欧盟 BNE 基金	-19910.5	-14257.6	-22610	-28650
向州的专项转移支付				
能源税专项资金	-8200.0	-8347.6	-8498	-8651
LFA 专项补助补贴支付	-9844.6	-9229.0	-8545	-7976
重型运输卡车税（变更）补贴支付	-8992	-8992	-8992	-8992
稳定与巩固经济发展救助支付	-800	-800	-800	-800
联邦税收收入总计	289017.8	309361.2	321336	334845
联邦共享税收入与前一年相比（%）				
工资税部分	3.3	5.8	5.6	6.6
估定收入税部分	10.8	10.4	3.7	6.9
非估定收入税部分	8.4	7.5	4.7	-1.2
出售转让、利息税部分	-28.1	23.5	7.7	1.9

（续表）

项目 \ 年度	2016 实际	2017 实际	2018 预测	2019 预测
企业所得税部分	40. 1	6. 6	10. 5	7. 4
营业与流转税收收入部分	-2. 4	7. 0	3. 0	7. 4
其中：增值税	-1. 5	5. 4	2. 9	7. 4
进口增值税	-5. 1	12. 0	3. 1	7. 5
营业税工商税分摊	5. 9	10. 6	1. 6	4. 1
纯联邦税收（联邦专享税）	0. 2	-4. 3	8. 6	1. 5
联邦税收在扣除欧盟税和专项转移支付之前的总额	1. 8	3. 6	5. 6	5. 1
向欧盟缴纳的税额	-6. 3	-31. 2	51. 1	24. 4
其中				
增值税税额	1. 2	-44. 4	6. 3	3. 2
欧盟 BNE 基金	-7. 7	-28. 4	58. 6	26. 7
向州的专项转移支付	10. 7	1. 8	1. 8	1. 8
能源税专项资金	-2. 0	-6. 3	-7. 4	-6. 7
LFA 专项补助补贴支付	0	0	0	0
重型运输卡车税（变更）补贴支付	0	0	0	0
稳定与巩固经济发展救助支付	0	0	0	0
联邦税收收入总计	2. 3	7. 0	3. 9	4. 2

资料来源：德国联邦财政部网站。

表 3-5　　联邦财政税收实际及第 153 次预测结果一览（专享税）

项目 \ 年度	2016 实际	2017 实际	2018 预测	2019 预测
1. 联邦专享税	104460. 9	99933. 5	108562	110160
1. 1. （百万欧元）				
能源税	40090. 7	41022. 3	41300	41450

（续表）

年度 项目	2016 实际	2017 实际	2018 预测	2019 预测
烟草税	14186.1	14398.8	14160	14080
红酒（葡萄酒）税	2070.2	2093.6	2100	2090
烧酒税	1.3	2.0	2.0	2.0
泡沫红酒饮料税	400.6	367.9	390	388
半成品中间成品税	15.2	16.6	18	18
咖啡税	1039.8	1057.4	1055	1055
保险税	12763.2	13269.3	13670	13990
电力税	6569.2	6943.9	6930	6930
重型运输卡车税	8952.1	8947.7	9010	9090
空运交通运输税	1073.7	1120.5	1175	1215
核燃料税	442.4	-7261.9	0.0	0.0
团结附加税	16854.8	17953.2	18750	19850
其他联邦税收	0.0	0.5	0.0	0.0
进口税预估	1.6	1.6	2.0	2.0
1.2. 与前一年相比（%）	0.2	-4.3	8.6	1.5
能源税	1.3	2.3	0.7	0.4
烟草税	-4.9	1.5	-1.7	-0.6
红酒（葡萄酒）税	0.0	1.1	0.3	-0.5
烧酒税	-41.1	53.5	-1.0	0.0
泡沫红酒饮料税	-6.6	-8.1	6.0	-0.5
半成品中间成品税	5.2	9.2	8.5	0.0
咖啡税	0.8	1.7	-0.2	0.0
保险税	2.8	4.0	3.0	2.3
电力税	-0.4	5.7	-0.2	0.0
重型运输卡车税	1.7	0.0	0.7	0.9
空中交通运输税	5.0	4.4	4.9	3.4

（续表）

项目 \ 年度	2016 实际	2017 实际	2018 预测	2019 预测
核燃料税	—	—	—	—
团结附加税	5.8	6.5	4.4	5.9
其他联邦税收	-96.4	—	—	—
进口税预估	-3.0	1.5	24.9	0.0
团结附加税来源：（百万欧元）				
工资税	11299.1	11915.1	12460	13170
估定收入税	2601.2	2876.9	3020	3230
利息及其他收入	325.7	401.0	430	440
非估定收入税	1006.6	1016.0	1065	1110
企业所得税	1622.2	1744.2	1775	1900
能源税来源（百万欧元）				
其他地矿核心原材料	1194.9	1244.3	1180	1157
地矿核心燃气原材料	2440.9	3183.6	3060	3060
其他	36454.9	36594.4	37060	37233
2. 关税（百万欧元）	5112.9	5062.6	5200	5300
与前一年相比（%）	-0.9	-1.0	2.7	1.9

资料来源：德国联邦财政部网站。

3.3 德国最新税制改革措施

3.3.1 提高个人所得税免征额

德国近几年来经济发展趋势良好，自2015年以来财政收支连续5年无赤字，2017年联邦财政收入约为3304亿欧元，财政支出为3254亿欧元，收支盈余50亿欧元，达到了东西两德合并以来联邦财政的最佳状态。在此基础上，联邦政府在2017年下半年提出要调整部分涉及民生的税收与补贴政策规定，使民众在个税缴纳、家庭补贴、子女抚养、养老保险、医疗护理保障等诸多方面直接受益，减轻纳税人负担，增加就业者的可支配收入，并由此使民众分享到经济发展的实际成果。经过联邦议会的审议通过，税收与补贴政策调整的新规定已于2018年1月1日开始正式实施，涉及调整的政策规定主要有如下内容。

①提高个人所得税免税额度。原规定基础工资免税额度为8820欧元/年/人，2018年开始提高到9000欧元/年/人，增加了180欧元。

②提高抚养子女夫妇的儿童专项费用免税额度。从4716欧元/年提高到4788欧元/年，增加了72欧元。

③提高子女补贴。每个子女每月增加2欧元，对于第1个和第2个子女，每月每人从192欧元提高到194欧元，第3个子女从每月198欧元提高到200欧元，第4个子女以及以上的子女每人每月从223欧元提高到225欧元。

④获得赡养费或其他收入形式的免税额度适用于上述第①条，即由原定的8820欧元/年/人提高到9000欧元/年/人。

⑤提高养老补充保险计划的免税额度。如李斯特养老金计划，原免税额度为每月154欧元，2018年开始提高至175欧元，增加了21欧元。

⑥对子女补贴领取的追溯年限从6个月修改为4年。即对过往应领取而未领取的子女补贴可追补领取至前4年，2017年以前只可追补领取至前6个月。

⑦下调了法定社会养老保险的缴费率。基于养老保险金目前的储备状况，养老保险具备较充足的支付能力，因此联邦政府下调了法定社会养老保险的缴费率，从2018年1月1日开始保险费从毛收入的18.7%降至18.6%，由个人与雇主各缴纳50%。

⑧降低法定医疗保险的附加费缴费率。个人缴费从毛收入的1.1%降至1%。医疗保险的缴费总计为个人毛收入的14.6%，由个人和雇主各支付50%。

⑨2018年将继续增加退休人员的养老金收入。增加的幅度在3%左右。具体增加时间从7月开始。

⑩对低收入人群提高福利金（哈茨IV）领取标准。从每月409欧元增加到416欧元（单身）。如果是夫妇二人每人可领取374欧元，比原来增加6欧元。

⑪对企业补充养老保险的缴费与免税规定做出调整，调增免税额，并对为较低收入就业者建立补充养老保险的公司实行补贴政策。企业可资助月收入低于2200欧元的员工购买企业养老补充保险，每年每人最高限480欧元。而企业资助费用的30%可用来抵扣税收额。此外，作为企业福利对普通员工

进行补充养老保险资助的限额也从每年 4848 欧元提高到了 6240 欧元，享受一定的免税抵扣政策，但社保缴费的减免额度仍保持原定的 4% 不变。

2018 年实施的这些调整个人所得税免税基数的规定，总计将会为纳税人减轻 40 亿欧元的税收负担，也就是说，这些措施将使政府减少 40 亿欧元的个税收入。尽管本次调整对每个居民来说并不能体现个人收入的明显增长，但对政府来说，减轻纳税人负担的实际结果是有据可查的，成效也是明显的。欧盟委员会曾在 2016 年向德国政府提出："德国必须为薪资增长创造条件。"从 2017 年开始，德国政府接受欧盟建议，采取系列措施，为就业者实际薪资增长与家庭实际可支配收入增加创造条件，2018 年实施的减税增补贴的政策，正是德国政府系列措施的组成部分。

德国政府之所以能够采取系列措施增加居民收入，是以 2017 年德国经济的良好发展态势为基础的。德国的国内市场与国际市场从 2016 年以来均显示出对德国工业产品的需求在不断增长，表明德国制造的国际竞争力在明显上升。与制造业同样显示出活力的是建筑业和服务业，这两大行业的增长率直接影响到其他行业。良好的经济状况，必然带来就业人口数量的稳定与扩大，也带来就业者收入的增加，有利于消费的增长，形成进一步促进经济发展的良性循环。从总体上看，德国政府所实施的相关促进政策也是符合国际经济一体化发展趋势的。能够在消除年度财政预算赤字的基础上实施减税增补贴的措施，说明德国政府的改革取得了较好的政策效果。

3.3.2 加强税收征管

1. 简化税收申报程序

在德国，捐款或者交纳有关会费可以作为特殊支出进行抵税，但是需要出示证明。从 2017 年开始，对于 200 欧元以下捐款只需要出示简单的证明，如打印复印件。但是一旦财政局要求原始账单，纳税人也有义务出示，因此账单必须保留到年底。

2. 国际税收情报交换

国与国之间的税收情报交换对于打击恶性税收竞争和跨国公司的偷税漏税具有十分重要的意义。德国此次加入国际税收情报交换主要针对的是年营业收益在 7.5 亿欧元以上的跨国企业。通过各个国家税收系统内部信息的交换，可以对跨国公司的征税进行有效控制。这些信息只会在税务机构内部使用，不允许公开。

3. 建立电子签名系统

自2017年1月1日起，一切通过电子渠道交易的票据都需要在规定的时间内保存完整，做到可随时调用和查找。此外，电子交易需要一笔一笔进行，不能合并交易。从2018年1月1日开始，每一笔电子交易都要做到可以事后通过收银设备进行追踪，这有利于打击电子交易的偷漏税行为。自2020年1月1日起，所有电子签名设备都需要装设三个重要组件，即存储元件、安全元件和电子芯片。

3.4 小结

税收是经济学一个古老的概念，从产生到如今，经历了不同的社会形态，并日益在经济生活中占据重要的地位。根据国情、历史发展阶段的不同，不同国家地方税设置原则也有较大差异。

2019年德国联邦政府总财政收入为3506亿欧元，其中税收收入为3255亿欧元，约占联邦总财政收入的92.8%。在德国，由于经济发展水平高、人均GDP高，地方税制的设计比较注重公平，多采取以所得税为主的税制，特别是个人所得税为主。最近几年，随着税制改革的不断深入，德国以所得税为主的直接税比重有略微上升，间接税比重有所下降。

德国各级政府都有明显的主体税种和同源共享税种。联邦政府以所得税等直接税为主，州政府以所得税共享为主，市镇政府则以财产税为主。总体而言，三级政府都以直接税占比为高，各级政府间的税权划分也较为清晰。总体上，德国将主体税收作为联邦税种。

德国财政收支的平衡和债务状况的稳定，确保了德国经济的竞争力，并加强了德国的社会凝聚力，同时为德国的减税降费提供了财政基础。在未来三年，德国政府仍将致力于减轻公民的纳税负担。主要包括三个方面：一是提高抚养儿童的福利，增加个人所得税中的抚养抵扣；二是从2021年开始，从中低收入者入手，分步骤逐渐取消团结附加税；三是为了保障纳税人的最低生活标准，德国政府还计划提高个人所得税的基本免征额。本次减税降费力度是自2009年以来规模最大的一次。上述措施将会在2019—2020年为纳税人减轻大约100亿欧元的税收负担。

4 德国政府间财政关系

4.1 德国政府事权划分

德国是联邦制国家，实行联邦政府、州政府、市镇政府三级管理，联邦政府与各州之间相对独立，财政体制也分三级预算，各级政府有自己的管辖范围，有较明晰的事权划分，对应事权也具有明确的财权，每年各级政府根据自己的事权对所承担的公共事务做出财政支出预算。

4.1.1 联邦政府事权

德国各级政府间的事权是根据宪法规定的权限来分配。在德国，宪法的地位高于财政宪法，后者是联邦制基本规则的补充。根据《基本法》，只要《基本法》没有将一项法律的立法权限赋予联邦政府，那么这个立法权就属于州政府。《基本法》中将联邦政府的立法权明确的以联邦专属立法权限加以规定。《基本法》还隐含规定，在共同立法的情况下，如果联邦政府未使用其立法权，那么该立法权就属于州政府。更直观的表述就是，只要是在两级政府共同立法的领域，联邦政府都能获得立法权，但是一般只有在维护公平生活条件的要求下才能使用。德国的《联邦制改革法案》把一些要求从《基本法》中删除，以保证共同立法的顺利进行。这样州政府在一些领域将有权利与联邦法律有所偏离（如环境保护法、高等教育准入、大学学位授予等）。

《基本法》中列举了联邦政府的专属职责，主要包括外交和国防、联邦国籍、迁徙自由、移民、德国统一市场的确立、空中交通、铁路、邮政通信、联邦政府和州政府之间的合作。《基本法》规定了共同立法制度，确保联邦政府能够拥有更广的职责范围，这些职责大到不同地区的法律统一，小到垃圾清理，涵盖了社会福利、医疗保险、学术研究、部分环境政策、公务员工资和退休金等一系列重要的财政领域。此外，《基本法》还赋予了联邦政府制定“框架”法律的权力，即联邦政府确定某一领域的法律总方针，州政府必须依据总方针制定相应的细则。比较典型的例子就是公务员的雇用以及大学教育相关法律的制定。这在财政领域产生的最重要的影响就是，州政府在公务员雇用方面拥有专属的职责，特别是关于公务员工资和退休金。

总之，联邦政府在宪法中的重要地位，对平等生活条件的看重，以及历史上对分权方案的怀疑，都导致了今天德国的财政联邦合作模式。由于联邦政府具有共同立法权，并不断拓宽自身的职权范围，所以州政府的职责范围受到了很大的限制。同时，由于共同立法权和框架立法制度的存在，联邦政府还影响着州政府的政策制定。

4.1.2 共同事权

此外，在一些领域，联邦政府和州、市镇政府负有共同的财政职责。这些领域主要分为四大块。

第一，根据《基本法》的规定，属于联邦政府和州政府的共同职责，即高校基础设施建设（包括大学医院、研究促进和教育规划），地区经济建设——联邦政府和州政府各承担50%的财政支出，农业建设——联邦政府承担60%的支出，海岸线防护——联邦政府承担70%的支出。《联邦制改革法案》废除了关于高校基础设施建设共同职责的规定，并将教育规划的共同职责替代为报告体系，其目的是在国际化大背景下考察教育体系的发展状况。

第二，规范货币服务的法律领域，如社会福利支出和住房补贴。这些法律可能成为联邦政府的财政责任（如住房补贴），但也可能不是（如社会福利事业）。在这两个领域，联邦政府极大地影响或者直接决定着州及市镇政府的财政支出。

第三，当涉及较大金额的投资，宏观经济稳定性受到影响，或者地区间的经济发展不均衡需要得到校正时，联邦政府可以通过财政救援的形式给州政府或者市镇政府提供补贴。《联邦制改革法案》规定，在这一领域，联邦的法律必须在众议院得到州政府的许可，该法案还废除了对住房建设和市镇交通的财政援助。而且，财政援助被限定在某一个时间段后必须终止，在此时间段内金额递减。最后，联邦政府被禁止向州政府转移事责。

第四，如果在一项属于联邦的事权中联邦政府没有支付管理费用，那么州政府就可以插手，例如，相关部委和政府部门只支付了建设高速公路的建设费，而没有支付管理费的情况。另外，值得注意的是公共部门的工资议定权是属于联邦的，州政府在改变本级政府公务员工资和退休金方面只有十分有限的空间。

4.1.3 州/市镇政府事权

保障联邦政府充分影响力的机制已经形成，但代价就是州政府在国家政策制定方面具有较大的发言权。现在越来越多的联邦立法需要得到众议院的批准。如果州政府的利益（或者市镇政府的利益）受到了影响，特别是联邦的立法触碰到了州政府的管理权限，那么这项法律就必须得到众议院的批准。① 因此，在共同立法的领域，州政府可以形成对联邦政府的极大制衡。这种机制导致了德国国内政治关系错综复杂。② 没有州政府的批准，联邦政府无法做过多决定；反过来，州政府对自身的政治决策也只有很有限的决定权。诚然，相比州政府，联邦政府更有权限在一些规章制定领域贯彻自己的政策，尤其是涉及财政支出的项目。州政府的自主权只局限于很小的范围，如教育、文化、法律秩序、地区规划，而且这些都已经在联邦政府层面有了框架规定。③ 市镇政府主要是对市政服务进行管理，例如，排污设备、体育娱乐、学校建设、住宅、市镇道路建设等。值得注意的是，在大多数领域，政府的职能都存在纵向一体化的现象。例如，在医疗事业领域，每一级政府都有一定的职责。即便州政府在某一领域具有自治权，它们仍然愿意与联邦政府进行配合。尤其是在教育政策方面，各州州长会定期会面来确定一些共同的标准。在没有共同标准的情况下，州政府就会直接执行联邦政府制定的政策。因此可以说，德国的联邦制已经成为一个典型的行政联邦制。《联邦制改革法案》虽然会或多或少地改变这一现状，但更多是在管理领域，而不是财政领域。

不仅在财政支出方面，各级政府之间的立法权受到了很大的约束，在财政收入方面更是如此。没有对方的许可，不管是联邦政府还是州政府都无法对各自的税收收入做出大的调整。根据《基本法》的相关规定，联邦政府在关税、间接税（只要不属于联邦政府和州政府的共同立法范围，或者不属于

---

① Ehtisham Ahmad. Financing Decentralized Expenditures：An International Comparison of Grants[J]. Kyklos，1997，52（1）：103－104.

② Benz. A，Scharpf. F. W，Zintl. R. Horizontale Politikverflechtung：Zur Theorie von Verhandlungssystemen[M]. Campus Verlag，1992.

③ Charles B. Blankart. Öffentliche Finanzen in der Demokratie[J]. Sozialraumforschung und Sozialraumarbeit，2011.

市镇专属立法权范围）、资本交易税、保险税和所得税附加费等方面拥有专属立法权。20 世纪 70 年代后，欧盟成员国的关税都由欧盟统一制定，联邦政府能独立决定的最重要的税收来源变成了能源税、烟草税、保险税以及所得税附加费。州政府的自治权更加有限。尽管《基本法》赋予州政府的税收自治权包括了财富税（1996 年后停止征收）、遗产税、机动车税、不属于联邦管辖或者不属于共同立法范围的交易税、啤酒税、赌博彩票税，但关于税基和税率的立法却是由联邦议会依据共同立法权制定的。《联邦制改革法案》只将不动产购买税的税率决定权赋予州政府。在整个税收收入中占较大比重的重要税种都是共享税，包括个人所得税、企业所得税、增值税，这些税种的税收收入在联邦政府和州政府之间进行分配，有时可能还会有一小部分分配给市镇政府。因此，州政府的自有来源税收收入无法满足其职责和支出需要，州政府的税收能力很弱，而且税基和税率在各个州之间都是统一的。税收协调的唯一例外是市镇营业税，各县市可以自主决定税率。此外，市镇政府自主决定当地的财产（不动产）税，这些税种在美国或者加拿大虽然十分重要，但是在德国微不足道。

德国有一套复杂而庞大的财政均衡体系，对联邦政府和州政府之间的财政关系起到了很好的补充作用。首先，共享税会在联邦政府和州政府之间按照一个明确的公式进行分配，然后，州与州之间也会通过一个明确的公式进行横向转移支付，以此来给各个州提供无条件的拨款。横向转移支付十分公平，可以把全国平均水平以下的各州财力提升到全国平均水平的 90% 左右。最后，联邦政府会通过纵向转移支付将其财力继续提升到全国平均水平的 97.5%。纵向转移支付通常是有条件的。事实上，德国没有对联邦政府发行国债的明确约束，但德国自身要受到欧盟《稳定与增长公约》的约束。而且，《基本法》的“债务刹车”规则规定联邦政府发债数量不得高于投资支出。州政府也适用类似的规定，但联邦政府并没有强制执行权。此外，还有一些放宽限制的规定。值得注意的是，如果联邦政府宣布宏观经济均衡受到了破坏，那么债务上限就可以超过投资支出。

尽管市镇政府有很高的宪法地位，但是它们是州政府的附属机构。州政府的监督权限体现在许多方面。例如，尽管市镇政府有许多发债可能性，但是州政府限制市镇债务不得超过现金流。此外，各个州根据自身实际情况，在不同程度上规范着市镇的公共服务供给。例如，相比巴伐利亚州，北莱茵威斯特法伦州政府对市镇政府的约束相对较小。尽管市镇政府有权自主决定市镇营业税的税率，但是市镇政府自主收入来源仍不足以与市镇政府职责相匹配。因此存在一个与全国类似的横向和纵向的财政均衡制度，为市镇政府提供额外的财政收入。

表 4－1　　各级政府立法权限以及实际承担的公共服务

实际立法权	公共服务	行政职权
欧盟	货币政策	欧盟
欧盟	海关	欧盟
联邦	国防	联邦
联邦	外交事务	联邦
联邦	国籍	联邦
联邦	海关	联邦
联邦	铁路和空中交通	联邦
联邦	邮政通信	联邦
联邦	社会保障	联邦/州
联邦	医疗事业，包括医疗保险和市镇医疗设施	联邦/州/市镇
联邦	社会救助	联邦/州/市镇
联邦	垃圾清理	市镇
联邦	区域经济政策	州
联邦、州共同任务	海岸线防卫	州
联邦、州共同任务	农业政策	州
联邦、州共同任务	公共资助的研究	联邦/州
联邦/州	环境保护	州
联邦/州	供水	市镇
联邦/州	污水处理	市镇
州	法律秩序	州
州	文化	州
州	中小学教育	州
州	高校	州
市镇	市镇公路	市镇
市镇	体育娱乐	市镇
市镇	学校建设	市镇
市镇	公共住房	市镇

资料来源：作者根据法律文件收集。

表4－1总结了各级政府的立法权限以及实际承担的公共服务。表中加入欧盟是为了说明有些职权已经被欧盟所掌管。由于德国存在立法权和行政职权的区分，所以我们在表中可以清楚地看出德国联邦制的分权现象（例如，三级政府在医疗政策方面都有相应的行政职权，但主要的立法权属于联邦）。其他一些职能，如道路建设，其立法权在三级政府间进行分配，国道由联邦政府负责，但是具体行政职权属于州政府，州一级道路由州政府负责，市镇道路由市镇负责。同时，财政补贴使这个领域变得更加复杂，并会导致决策权的变动。

表4－2　　根据职能划分的各级政府直接财政支出责任分配

职能	联邦（%）	州（%）	市镇（%）	总计（%）
国防	100	0	0	100
债务偿还	77	19	4	100
行政管理	19	29	52	100
法律秩序	11	60	29	100
中小学	0	80	20	100
高校	10	90	0	100
其他教育	20	56	24	100
科学研究	72	26	2	100
社会保障	65	13	22	100
医疗、环境、体育、娱乐	7	40	53	100
住房、城镇建设、地区规划	16	47	37	100
市镇公共服务Ⅰ①	0	4	96	100
财政补贴	39	51	10	100
交通和通信	44	26	30	100
公有企业	63	13	23	100
总计	47	37	16	100
市镇公共服务Ⅱ②	11	53	36	100

资料来源：联邦统计局，年鉴14/3.1卷，财政和税收，2002。

①根据联邦统计局的定义，包括路灯、污水、垃圾收集、道路清洁。

②根据联邦统计局的定义，包括法律秩序、中小学、其他教育、医疗环境、体育娱乐、住房、城镇发展、区域规划和市镇公共服务Ⅰ。

表4－2 阐述的是根据职能划分的各级政府直接财政支出责任分配（根据管理任务量计算）。只有一部分职能是由某一级政府单独承担（如国防事业完全是联邦政府职责），而市镇公共服务Ⅰ和中小学事业则完全不包含联邦职责。在科学研究、社会保障以及公有企业方面，联邦职责占主要地位，但并不唯一。同样，在中小学、法律秩序、高校等领域，州政府职责处于主要但不唯一的地位。此外，还有中间情形。例如，其他教育，住房、城镇建设、地区规划以及财政补贴——在这些领域里最大的支出责任在于州政府，但是在很大程度上，联邦政府或者市镇政府也都在这些领域行使自己的职责。值得注意的是，在市镇公共服务Ⅰ类（如污水处理、垃圾收集、路灯、街道清洁）中，市镇政府承担的管理支出比例最大。总之，德国联邦政府承担国内政府财政支出的比例约为47%，州政府承担的比例为37%，市镇政府承担的比例仅有16%。市镇公共服务Ⅱ类表明了联邦政府和州政府在市镇事务中所负担财力的程度。但这些数据仍然不能完全反映出联邦政府对州和市镇政策的影响力程度。11%的比例显然低估了其实际影响力。同样，市镇政府受到联邦政府和州政府的约束力度也远远大于表中数据。

总而言之，德国财权的分配关系决定了德国是一个特殊的联邦制国家。联邦政府可以行使自己的职责，州政府政策的制定会得到联邦政府的补充，这个体系与人们通常理解的附属原则不同。事实上，德国的联邦制是指不同政府层级之间的紧密合作，以及由此产生的政策之间的高度关联，是高度的行政联邦制。当今德国的联邦制架构和历史上俾斯麦时期联邦制形式的一致性值得人们深思。

4.2 德国政府收入划分

德国的财政收入主要由税收收入、非税收入、净债务所得组成，其中净债务所得是政府为弥补收支差额进行举债，减除应还旧债及利息后的实际额度，在德国财政体系中净债务所得被作为虚式收入计入收入总额。

4.2.1 德国税收分类

德国实行联邦、州、市镇分权的税收体制。根据德国《基本法》，联邦有单独的关税立法权，对其他税收联邦有竞争立法权，即在竞争立法权范围内，只要联邦未立法，各州就有立法权。对于地方性的消费税，各州有自己的立法权，并可以部分转移至市镇政府。根据《基本法》，德国的税收收入分为共享税和专享税。其中，专享税分为联邦专享税、州专享税、市镇专享税，近年来，有人认为应将欧盟作为德国税收体制中的第四级，将欧盟税划入德国专享税中。共享税属联邦、州、市镇共有，按比例在各级政府之间进行分配。

1. 共享税

共享税包括企业所得税（法人税、公司税）、个人（工资收入）所得税、增值税、利息税和清偿债务及出售转让（财产等）税费。四类共享税的分配比例不同。

①企业所得税中的50%属联邦政府所得，50%属各联邦州所得，市镇政府不分享企业所得税。

②个人所得税由三级政府共同分享，其中联邦政府享有42.5%，州政府享有42.5%，市镇政府享有15%。

③增值税的分配比较特殊，在下文“德国政府间的财政平衡制度”中有专门阐述，这里不做详细说明。按最终分配比例，联邦政府分得增值税的53.9%，州政府分得44.1%，市镇政府分得2%。

④利息税与清偿债务及出售转让税费按联邦政府44%、州政府44%、市镇政府12%的比例进行分配。

以上分配比例是当前具体实行的标准，一般情况下，联邦政府每隔3～5年会就各州与市镇政府的税收能力与财力状况进行评估测算，并依据评估结论、各级政府的财政状况以及总体经济景气形势对分配比例做出调整。每年的税收分配具体方案都会在年初以文件的形式确定并公布，一经公布即成为具有法律效力的文件，如特殊情况下需要调整（包括微调）均需报经联邦议会讨论通过，方可调整。

2. 专享税

①联邦专享税：能源税、电力税、烟草税、咖啡税、烧酒税、核燃料税、保险税、团结附加税等。

②州专享税：遗产税、地产购置税、啤酒税、机动车税、赌博彩票税、消防保护税等。

③市镇专享税：营业税、地产税、娱乐税、养犬税、第二套住宅税、享乐税、饮料税等。

④欧盟税：增值税特别基金、海关税、糖税等。

由于各州人口与经济发展不平衡，州和市镇所属的专享税是否开征、税率高低由各州或市镇政府自行确定。因此，在这方面各州之间存在一定的差异。

表4－3所示为德国三级政府专享税分类。

表4－3 德国三级政府专享税分类

联邦专享税	州专享税	市镇专享税
能源税		营业税，是市镇政府最重要的收入来源
电力税	遗产税	地产税
烟草税	地产购置税	娱乐税
咖啡税	啤酒税	养犬税
烧酒税	赌博彩票税	第二套住宅税
核燃料税	消防保护税	享乐税
保险税	机动车税	饮料税
团结附加税		过夜税

资料来源：德国联邦财政部网站。

4.2.2 德国税收立法权限

正如前文所说，州政府会超额发债的首要原因就是缺少财政收入预算自主权。德国的财权分配机制要求州政府提供一定标准的公共服务，并为它们留出了实现自主政策的空间。但是，州政府不能自主确定税率和税基。它们最重要的收入来源是个人所得税、企业所得税和增值税，这些税种都是共享税，州政府只能通过众议院来对其施加影响。其他一些税种虽然是州政府的专享税（如遗产税和机动车税），但是税基和税率的立法权却在联邦政府手中，同样，州政府只能通过众议院来施加影响。所以，德国的税收制度是非常协调的。唯一的例外就是市镇政府可以自主决定市镇营业税和地产税的税率，所以只有在这两个税种上可能发生多级政府之间的税收竞争。表4－4反映的就是德国税收立法情况，不同税种收入在各级政府间的分配比例是以实际收到的收入为基础计算得来的。

表4－4 德国税收立法情况

税种	决定权		税收征管	税收配置（%）			
	税基	税率		联邦	州	市镇	总计
联邦							
能源税	联邦	联邦	联邦	100	0	0	100
烟草税	联邦	联邦	联邦	100	0	0	100

（续表）

税种	决定权		税收征管	税收配置（%）			
	税基	税率		联邦	州	市镇	总计
联邦							
烧酒税	联邦	联邦	联邦	100	0	0	100
汽酒税	联邦	联邦	联邦	100	0	0	100
中间产品税	联邦	联邦	联邦	100	0	0	100
咖啡税	联邦	联邦	联邦	100	0	0	100
保险税	联邦	联邦	州	100	0	0	100
电力税	联邦	联邦	州	100	0	0	100
团结附加税	联邦	联邦	州	100	0	0	100
州							
财产（财富）税	联邦、州共同	联邦、州共同	州	0	100	0	100
遗产税	联邦、州共同	联邦、州共同	州	0	100	0	100
地产购置税	联邦、州共同	联邦、州共同	州	0	100	0	100
机动车税	联邦、州共同	联邦、州共同	州	0	100	0	100
赌博彩票税	联邦、州共同	联邦、州共同	州	0	100	0	100
消防保护税	联邦、州共同	联邦、州共同	州	0	100	0	100
啤酒税	联邦、州共同	联邦、州共同	州	0	100	0	100
市镇							
营业税	联邦、州共同	市镇	州/市镇	4.4	15.4	80.2	100
地产税	联邦、州共同	市镇	州/市镇	0	0	100	100
共享税							
个人所得税	联邦、州共同	联邦、州共同	州	42.5	42.5	15	100
资本利得税	联邦、州共同	联邦、州共同	州	44	44	12	100
企业所得税	联邦、州共同	联邦、州共同	州	50	50	0	100
增值税	联邦、州共同	联邦、州共同	州	53.9	44.1	2	100

资料来源：作者根据法律文件整理。

在德国，只有在市镇营业税上会发生税收竞争。有证据表明，市镇政府在税收征管上存在模仿行为，一个地区降低税率会引发其他地区税率降低。[①]这一证据可能显示了相互竞争的地区存在策略性的制定税率行为。布特纳的实证报告结论表明，德国市镇政府之间的税收竞争导致了税基效应以及财政的外部性。然而，另一篇文章表明，在 1980—1990 年，市镇营业税的税率一直在增长，这一结果与一般的税收竞争观点相反，表明了市镇营业税的税率在竞争中会不断攀升。[②]

4.3 德国政府间财政平衡制度

在德国国家建设中，各州作为独立的行政层级具有自己独立的主权和义务，市镇一级在财政宪法框架下作为州的组成部分。各州作为联邦下属的独立的成员要完成《基本法》赋予它的各项任务，必须有充足的资金供各州独立支配。通过使各州收入趋同，可以实现全德国范围内居民享有同等的生活水平。

德国的《基本法》对联邦和州财政分配关系的基本内容做了规定。根据相关规定，德国财政转移支付主要分四个层次进行。

①第一层是将所有税收收入在联邦和州这两个行政层级之间进行分配，还有一部分作为对地方的直接补贴拨款（纵向税收分配）。

②第二层是州级政府应得的税收收入按比例分配给各个州（横向税收分配）。

③第三层是财力较弱的州和财力较强的州之间进行的州际平衡（州际财政平衡）。

④第四层是财力较弱的州会得到联邦的补充资金（联邦补充拨款）。

每个层次的具体做法在法律中都有规定。

4.3.1 第一层次：纵向税收分配

德国《基本法》规定了几个特殊的重要税种属于联邦、州和地方的共享税。其他税种都是联邦、州或者市镇的专享税。

个人所得税、企业所得税和增值税是共享税中的主要组成部分，其中个

---

① Buttner T. Determinants of Tax Rates in Local Capital Income Taxation：A Theoretical Model and Evidence from Germany[J]. Finanzarchiv，1999：363 – 388.

② Buttner T. Tax Base Effects and Fiscal Externalities of Local Capital Taxation：Evidence from A Panel of German Jurisdictions[J]. Journal of Urban Economics，2003，54（1）：110 – 128.

人所得税和增值税是在联邦、州和地方三个层级分配的共享税。企业所得税是在联邦和州之间分配的共享税。按分配比例，联邦分享个人所得税的42.5%、企业所得税的50%、增值税的大约53.9%。州分享个人所得税的42.5%、企业所得税的50%、增值税的大约44.1%。市镇分享个人所得税的15%、增值税的2%。

联邦专享税只供联邦这一层级分配。联邦专享税包括大部分的消费税（如能源税、烟草税）和保险税。州也有州专享税，包括遗产税、大部分的交易税（尤其是地产购置税）以及其他一些税额较小的税种。市镇专享税包括企业营业税以及地方消费和奢侈性开支的一些税收。此外联邦和州会通过征缴的方式分得一部分营业税。

4.3.2 第二层次：横向税收分配

在第二层次，将分配到州这一级应得的全部税收收入发放到各个州。除了增值税外，各州在自己范围内收缴的税收收入基本都属于各个州（属地收入原则）。

属地收入原则针对个人所得税和企业所得税做了专门的调整，即所谓的分解法与修正法。对于个人所得税来说，一个州的居民不管是在境内还是境外取得的收入，其个人所得税都属于该州，通过分解与修正，能够使各州的税收收入达到相近的水平。公司税（企业所得税）则由总公司集中收缴，再通过分解分配，可以保证只要有分公司的州都可以分配到税收收入。

增值税的分配不是按照属地收入原则进行。州分享的那部分增值税收入不超过25%的部分需要作为补充份额分配给一些财力较弱的州。这些州的个人所得税、企业所得税总收入以及人均州专享税收入水平低于各州平均水平。这样可以适当缩小财力较弱州的税收收入和平均水平之间的差距。增值税补充份额的具体数额取决于财力较弱州的人均税收收入水平与各州平均人均税收水平之间的差距大小。在实践中一般会运用线性渐进补偿率。州分享的增值税的剩余75%则按照居民人口数量在所有州进行分配。增值税分配这一层次已经具有财政平衡效应。

4.3.3 第三层次：州际财政平衡

在这一层，财力较弱的州会从财力较强的州那里得到横向均衡拨款。为了在州际财政平衡的同时增强各州的财政责任和自治能力，在州际平衡时需要使各州之间的收入差距保持在适度的比例范围内。

州际财政平衡的出发点是每个州的人均财政能力。一个州的财政能力是指该州收入总和加上该州地方总收入的64%。

在计算财政能力时还会考虑市镇一级的收入，因为各州对其下属市镇的财政状况也有责任。如果一个州的下属市镇财政能力较强，而另一个州的下属市镇财政能力较弱，那么后者就需要拿出更多的钱给自己的市镇。

原则上讲，在计算财政能力时，州和市镇的所有收入类型都应该考虑在内。但实际操作中，被视为与财政平衡相关的收入主要还是税收。其中包括共享税中州分到的部分、州专享税以及市镇税收收入的一定比例。

州际财政平衡在原则上假设所有州的所有居民财政需求是相同的。但是这对于柏林市、不来梅市和汉堡市这三个州级市来说是与事实不符的。他们比其他州的居民财政需求更高一些。因此在州际平衡时，这三个市的人口数量需要虚增35%。此外勃兰登堡州、梅克伦堡－前波莫瑞州和萨尔州人口较少，人均财政需求也稍高，所以在进行州际平衡时这三个州的人口数量也需要略微虚增。

财力较弱州接受的均衡支付的具体数值取决于这个州人均财力与全国所有州人均财力平均值之间的差距。在实践中，会运用线性渐进补偿率来将差距平均缩小到适当的比例范围内。

与之相类似的还有财政能力较强的州需要提供的均衡拨款的具体数值的计算。这个数值取决于这个州的人均财力超出所有州人均财力平均值的额度。这个差距会被按比例进行征缴。在实践中，会运用线性渐进征缴率，它与补偿率类似。为了使财力较弱的州得到的均衡拨款的总额与财力较强的州提供的拨款总额一致，通常会将提供的拨款的总额按照一定的比例提高或者降低。

相关条例还规定，州际平衡不会改变这些州在人均财力方面的排名。

州际财政平衡可以使州与州之间的财力差距显著减小。例如，一个财力较弱的州在州际财政平衡之前的人均财力只有平均水平的70%~90%，而在州际财政平衡后会达到平均水平的91%~96%。财力较强的州在州际财政平衡前的人均财力是平均水平的110%~120%，州际财政平衡后是平均水平的104%~106.5%（见表4－5）。

4.3.4 第四层次：联邦补充拨款

联邦补充拨款是联邦向财政能力较弱州的拨款，是对州际财政平衡的补充。联邦补充拨款不设定具体的用途，用来满足一般性财政需求。在操作上分为一般性联邦补充拨款和特殊需求联邦补充拨款。

通过一般性联邦补充拨款可以进一步缩小财力较弱的州在州际财政平衡后与人均平均财力水平之间仍存在的差距。一般性联邦补充拨款主要是给那些人均财力在州际财政平衡后仍低于平均水平 99. 5% 的州。联邦将就低于限额部分的 77. 5% 进行补充拨款。

按相关规定计算，如果一个州在州际财政平衡前的人均财力水平只有平均水平的 70%~90%，那么在州际财政平衡和一般性联邦补充拨款后就可以达到平均水平的 97. 5%~98. 5%（见表 4 –5），与平均水平的差距得到了显著的缩小。

表 4 –5　州际财政平衡和一般性联邦补充拨款对财力差距的平衡效果

州际财政平衡前人均财力与平均水平的比例	州际财政平衡后人均财力与平均水平的比例	州际财政平衡并一般性联邦补贴拨款后人均财力与平均水平的比例
70	91	97. 5
80	93. 5	98
90	96	98. 5
100	100	—
110	104	—
120	106. 5	—
130	109	—

资料来源：德国联邦财政部信息中心。

特殊需求联邦补充拨款用于满足财政能力较弱州的专门的特殊财政支出。特殊财政支出只是特殊需求联邦补充拨款的一个事由，资金的用途不做固定规定。资金的用途由收款州自己决定。《财政平衡法》中有关于特殊需求联邦补充拨款金额的固定规定，与当前的财政状况无关。

根据《团结公约Ⅱ》的规定，直到 2019 年，原东德各州和柏林会得到总共大约 1050 亿欧元的特殊需求联邦补充拨款，用以支付其基础设施和城市建设所需要的大笔财政资金，均衡其低于平均水平的市政财力。这笔资金会逐年削减，在 2010 年的金额约为 87 亿欧元，对于收款州来说意义重大。

此外，原东德州每年会得到共 10 亿欧元的特殊需求联邦补充拨款，用于应对结构性失业，并支付由此产生的失业救济金和社会救济金。

另外，一些规模较小的财力较弱的州每年会得到共 5. 17 亿欧元的特殊需求联邦补充拨款，用于应对其高于平均水平的政治领导成本。规模较小的州与规模大的州相比，政治领导成本较高，这是因为其固定成本分配给了较少的人口基数。每五年会重新进行评估，查看其是否还满足特殊需求联邦补充拨款的发放条件。图 4-1 为 2017 年德国州际财政平衡情况。

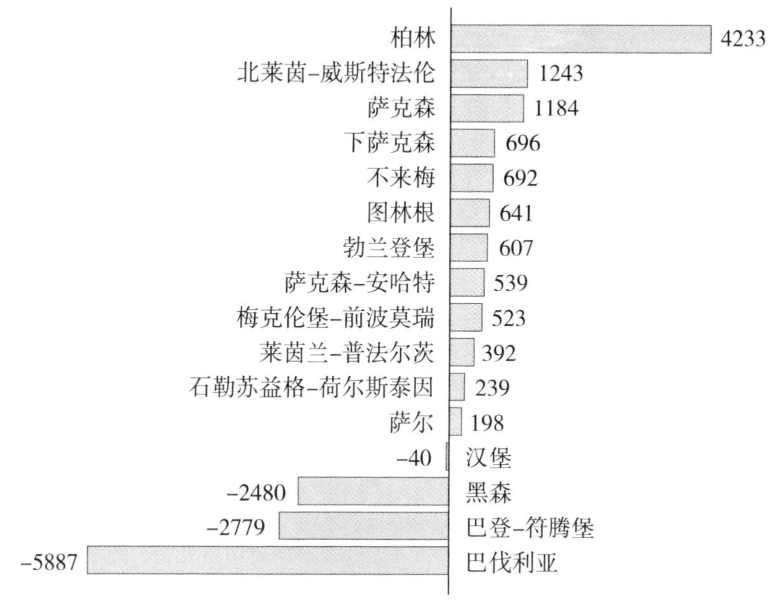

图 4-1 2017 年德国州际财政平衡情况（单位：百万欧元）

注：数值负值表示提供援助州，正值表示接受援助州。

资料来源：《德国联邦财政计划 2018》。

4.4 德国政府间财政关系改革最新动向

2016 年年底，在世界各国纷纷对国内的财政制度进行结构性改革的大背景下，德国也对国内的财政体制和税收制度进行了一些调整，调整的内容主要包括政府间财政关系和税收政策两大块。政府间财政关系的调整将于 2020 年开始生效，目的在于规范国内的转移支付制度，减轻州和市镇一级政府的财政负担。税收政策的调整从 2017 年 1 月 1 日已经开始生效，目标是减轻纳税人负担，提高税收征管效率。

4.4.1 规范联邦/州级政府间财政关系

①取消现行的州际财政均衡制度。同时取消的还有增值税分配给各州前

的扣除制度。改革前，增值税作为联邦和州政府的共享税，在分配给各个州之前需要扣除不超过分配总额度25%的额度，分配给财力较弱的州，此外财力较强的州也有义务对财力较弱的州进行拨款。改革后，25%的扣除将被取消，增值税收入中州所占的那部分份额将按照人口数量来进行分配，但会根据各州的财力水平进行相应的调整，此外财力较强的州也不再需要对财力较弱的州进行拨款。因此，未来德国州际财力的均衡主要是通过增值税在各州之间的科学分配来调节。

②改革前，通过联邦政府的补充拨款，财政能力较弱的州的财政能力水平将达到平均水平的99.75%，改革后，这一标准被降到80%。此外，在计算一个州的财政能力时，市镇级的财政能力将占地方总财力的75%的份额。

③联邦政府以平衡财力为目的而向市镇级政府提供的拨款额度将在宪法中得以确认，2019年的拨款额度大约为150亿欧元。具体拨款额度的计算方法如下：某市镇接受拨款的额度=（市镇级政府平均财力×80%－某市镇财力）×53.5%。

④按照计划，特殊需求联邦补充拨款（Sonderbedarfs－Bundesergän－Zungszuweisungen，SoBEZ）将在2019年取消。特殊需求联邦补充拨款是德国转移支付制度的第四层次，是德国联邦政府不指定用途地向财力较弱的州提供的资金支持。此外，联邦还会对个别州提供如弥补政治统治成本的补充拨款、弥补结构性失业的补充拨款、弥补港口成本的补充拨款等。根据《团结公约Ⅱ》，柏林市、勃兰登堡州、梅克伦堡－前波莫瑞州、萨克森州和萨克森－安哈特州、图林根州会在2005—2019年获得总规模大约为1050亿欧元的特殊需求联邦补充拨款。按照新规定，2019年开始，对所有新州的无指定用途的特殊需求联邦补充拨款都将取消，而弥补政治统治成本的补充拨款、弥补结构性失业的补充拨款、弥补港口成本的补充拨款等针对个别州的特殊目的补充拨款将继续执行。2019年，勃兰登堡州预计将获得1100万欧元的特殊需求联邦补充拨款用于弥补高额的政治统治成本。

⑤根据《基本法》条款91b的规定，联邦政府用于激励科研的财政支出将不再平均分配。为了鼓励财政能力较弱的州的科研事业，联邦政府为这些州提供专门用于鼓励科研的转移支付资金。具体计算方法如下：某州接受的转移支付额度=（各州科研支出的平均值×95%－某州科研支出）×35%。这部分钱将由联邦政府来出，绝不会增加州政府的财政负担。

⑥加大对下萨克森州和石勒苏益格－荷尔斯泰因州的支持力度。这两个

州的州政府目前财政压力较大，因此未来在计算财力时会为其增加 33% 的比例。并额外为萨尔州和不来梅市提供总额为 8 亿欧元的市容整治补助。

通过上述措施，德国州级政府的财政负担将明显减轻。同时，财政能力较弱的州的需求也得到了周全的考虑。政府间财政关系的新规定执行后，每个州的财力都会比之前有所加强，没有一个州会被减弱。

4.4.2 完善政府间事权划分

联邦政府和州政府在优化政府间事权划分方面达成了一致。除了特殊情况外，德国的支出责任需要与事权相匹配。

1. 交通基础设施公司

改革联邦委托事权管理，由联邦接管联邦高速公路。成立一个民法性质的国家控股的交通基础设施公司，将国家对高速公路的产权以宪法的形式加以确认。实施的法律依据是《基本法》的第 90 条。具体的实施细则还有待确认，如实施时间表、过渡期间的规定、人员、养老金以及实物资产的过渡办法等。

2. 数字化建设

联邦政府将建立一个中央网络信息平台，这是一个针对所有公民和企业的网上公共管理平台。平台建成后，州政府也可以在网上开展服务。为了提高公共管理平台的技术水平，IT 规划委员会为此提供了专门的预算。

在法律方面，联邦政府将尽快出台一部开放数据的相关法律。紧接着各州也应在自己的权限范围内出台相应的开放数据法，使全国范围内开放数据的使用标准趋同。

3. 促进投资

在全国范围内加强改善重要领域的有效投资。联邦政府在财政补贴方面具有更多的控制权。在宪法中扩大联邦政府对财力较弱的市镇的教育基础设施投资方面的参与投资权，通过联邦政府的顶层设计作用缩小地区之间基本公共服务领域的差距。

4. 加强联邦政府在税收征管方面的权力

随着各州在税收管理中引入了 IT 技术，联邦政府在税收技术应用和管理领域发挥的协调作用将日益加强，从而保证各州 IT 技术应用过程和结果的一致性。只要大多数州不加以反对，那么联邦政府在税收管理中的专业指导权将逐渐得到加强。未来还将进一步加强和改善联邦政府和州政府在打击税收欺骗方面的合作，尤其是增值税领域。通过修改一系列管理协议来进一步巩固联邦政府的主导地位。

5. 单亲贫困家庭抚养费

联邦政府和州政府还一致决定提高单亲贫困家庭抚养费发放标准，从2017年1月1日起将发放抚养费的年龄上限从12周岁提高到18周岁，同时提高领取抚养费的时限。这部分资金由州政府负责发放。

4.5 小结

德国是典型的联邦制国家，其在财政治理上也奉行财政联邦制，也就是说各级政府之间在财政收入和支出方面都有一定的自治权。但从德国改革的内容也可以看出，德国现在越来越倾向于将事权和支出责任上移，减轻地方政府的财政负担，特别是在目前经济情况不好的背景下，将财政事权上移也有利于保持国家经济的稳定和增长。

德国的财政体制是在联邦制的基础上确立的。第二次世界大战结束后，德国被分为四个区域，分别由美、英、法、苏联四个战胜国占领并管理，之后美、英、法三国经过协商联合起来建立了德意志联邦共和国，即西德。苏联占领区独立建立了德意志民主共和国，即东德。鉴于德国曾发动两次世界大战，美、英、法三国首脑认为德国对外扩张的势力应当得到有效遏制，而削弱中央集权、保持联邦政府与州政府之间的相对独立地位，是阻止其对外扩张势力快速形成的有效途径。因此，在国家政体确定后，三个占领国协助联邦德国建立起联邦政府与10个联邦州政府平行的政府间财政框架，以事权分配财权。而依据事权，联邦财政没有筹集足够调节平衡各州财力资金的权利，进行纵向转移支付的补助补贴资金极其有限，但区域间的差距对西德来说又直接影响整体经济的发展。在这一背景下，区域财力差异的调节平衡就由各州之间的财政资金无偿横向划拨来完成，也就形成了后来在国际上闻名的财政横向转移支付体系以及相应的各项制度。

由此可见，德国独特的财政平衡制度的产生与60多年前的历史背景密不可分。与一般国家通常运行的纵向转移支付调节区域财力差距的方式相比，德国财政平衡制度的调节方式确有独到之处，尤其是从公平与效率的角度分析，其目的更明确，运作更直接，效果更显著。

5 德国债务管理制度

5.1 德国国债结构

5.1.1 德国国债类型

德国政府债券都是记账式国债，完全为无纸化发行。目前在流通的德国政府债券大约有 70 种以上，覆盖了欧元的整个利率期限结构。

按照国债的发行期限，德国国债市场分为两类：货币市场债券和资本市场债券。货币市场债券以贴现票据发行，主要由财政部贴现票据组成，从 2012 年以来，发行期限包括 6 个月期和 12 个月期两类。资本市场债券主要分为两类：固定利率国债和通胀挂钩国债，前者主要包括 2 年期联邦政府中期债券、5 年期联邦政府特别中期债券以及 10 年和 30 年期长期债券；后者主要为联邦政府自从 2006 年起开始发行的与通膨挂钩的债券，包括 5 年期的中期债券和 10 年期的长期债券，如表 5 - 1 所示。

从特征上看，固定利率国债都是按照面值赎回，不会设置任何的隐藏期权，也不会提前赎回，最小面值为 0. 01 欧元，采用实际天数/年实际天数的方法计算利息，并每年支付固定利率一次，长期债券可以采用本息分离交易。贴现国债与固定利率国债的差别主要体现在利息支付、计息方式和是否交易所上市上，贴现国债以贴现形式付息，采用实际天数/360 的方式计息，不在交易所上市交易。通胀挂钩国债采用指数化的利息支付方式，其赎回金额也不一定等于面值，而是随着通胀水平的变动而变动。

为了活跃个人投资者投资国债的积极性，德国政府曾推出了联邦储蓄债券（Federal Savings Bonds）、联邦财政部融资票据（Federal Treasury Financing Paper）和日债券（Day Bonds）等不同种类的债券，但都从 2013 年起停止发行。此外，德国联邦政府债券还包括少量外国债券和证券化的贷款。

表 5-1　不同类型国债的特征

债券类型	贴现国债	固定利率国债			通胀挂钩国债
国债名称	贴现票据（Bubills）	长期债券（Bunds）	特别中期债券（Bobls）	中期债券（Schaetze）	通胀连接国债（ILB）
面额	0.01 欧元	0.01 欧元	0.01 欧元	0.01 欧元	0.01 欧元
发行期限	3、6、9、12 个月	10、30 年	5 年	2 年	5、10 年
利息支付	贴现形式付息	每年一次，按固定利率支付			每年一次，按指数化利率支付
计息方法	实际天数/360	实际天数/年实际天数			
赎回方式	面值赎回	面值赎回			依据通胀水平，最低面值赎回
交易所上市	无	是			是
提前赎回/可转化	无/无	无/无			无/无
本息分离交易	否	是	否	否	否

资料来源：作者根据相关资料整理。

5.1.2　德国国债发行程序

如图 5-1 所示，德国国债的发行过程主要分为三个部分：公示发行计划，拍卖和拍卖之后的上市、结算等。每年联邦政府在上一年度结束的时候公布下一年的发行计划，并在每个季度末依据当时的市场情况和流动特征更新下一季度的发行计划。通常，每次拍卖前德意志联邦银行负责组织拍卖。在拍卖结束后，拍卖结果会在竞标当天给出，并在债券竞标系统（Bund Bidding System，BBS）中公示，供发行拍卖组成员参考，然后再作为一般信息在市场中公布。

通常，发行计划所包括的国债种类主要有贴现票据、2 年期中期债券、5 年期特别中期债券和长期债券，而不包括其他类型的联邦政府债券，如通胀挂钩国债、外国债券、证券化贷款或者面向零售投资者发行的国债等。年末的发行计划包括来年第一季度详细的发行计划——公布每种国债的发行日期、

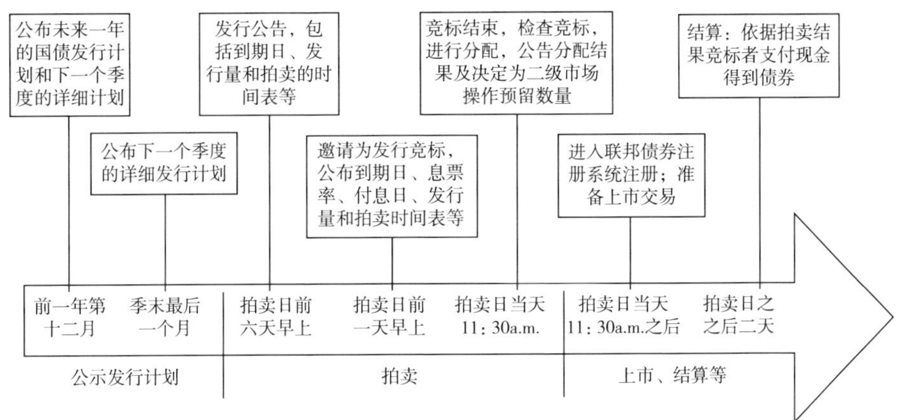

图5－1　德国国债发行程序

资料来源：作者根据相关资料整理。

到期日和目标名义发行量等，以及第二季度到第四季度的发行信息，这部分信息只公布了国债类型、名义发行量、发行月和到期月，并不精确到具体的日期。一般每个季度详细的发行计划会在上个季度的最后一个月给出。有时，联邦政府的发行计划会带有一些附带条款，说明发行量和日期在某些情况下可能会进行的微调，从而影响联邦政府的借入需求、流动性头寸和目前资本市场的情况。

5.1.3　德国国债拍卖程序

德国政府债券主要通过拍卖的方式进行，拍卖细节要求是由德意志联邦银行制定的，只有国债发行拍卖组（The Bund Issuance Auction Group）成员可以参与到拍卖中。发行拍卖组成员的确定由财务代理公司负责，其成员只能是位于欧盟成员国内的信贷机构，并要求该信贷机构必须在每个自然年内的认购国债的数量至少达到以不同债券权重因子加权的总发行量的0.05%。如果这唯一的要求不达标，则该机构在下一年度内将被排除在发行拍卖组成员之外。

拍卖是通过德国债券拍卖系统实施的，发行拍卖组成员通过该系统对国债进行竞价，竞价数量至少是100股或者是其整数倍，而不同类型国债的报价方式不同。对于付息国债而言，以名义本金百分比的形式报价，其中对于长期和5年期债券而言必须是0.01%的整数倍，对于2年期债券而言，是0.005%的整数倍；对于贴现国债而言，以收益率的形式报价，收益率必须是0.0005%的整数倍。整体原则上，可以以不同的价格或者收益率报价，或给出非竞争性报价。从拍卖价格形成机制看，付息国债与贴现国债基本类似，在最低价格之上、最高收益率之下的报价都成交，在最低价格之下、最高收益率之上的报价不成交。非竞争性报价以接受的加权平均价格成交。此外，联邦政府有权力重新分配最低可接受价格和非竞争性价格。

每次拍卖的时候，联邦政府都会适当地保留一定比例的国债，以便财务代理公司或者联邦银行在二级市场操作使用。这部分国债通常不计入国债的发行额，主要是为了防止国债价格的剧烈波动，增加国债市场流动性。

5.1.4 德国国债管理机构

在德国国债一级市场上，联邦财政部、德意志联邦银行和联邦金融监管局三类机构参与国债的管理与发行工作。

1. 联邦财政部

德国联邦财政部是德国联邦政府最主要的国债管理部门和国债发行主体。在国债发行工作中，财政部需要考虑国债的期限结构问题，主要是能够满足市场的需求，增强一级市场的有效性，促进二级市场的流动性，提高二级市场的透明度。在国债管理工作中，财政部要确定国债的品种、选择投资群体、利率的种类、发行方式和发行的币种等。此外，国债品种的创新、外币债券的币种、通胀挂钩债券的发行和金融衍生工具在国债管理中的运用等都是财政部国债管理需要关注的问题。

2. 德意志联邦银行

德意志联邦银行是联邦政府在金融方面的代理机构，在国债发行和资金清算中发挥着不可替代的作用。在国债市场中，德意志联邦银行负责制定并公布国债招标规则，代表财政部组织国债的招投标，参与联邦国债的发行。在证券交易市场中，参与国债的市场管理操作，以熨平国债价格波动。德意志联邦银行是机构投资者和其他银行的最为重要的交易对手和价格的确定者，但不对本息拆离国债进行管理操作。

3. 联邦金融监管局

德国联邦金融监管局成立于 2002 年 5 月 1 日，它是一家监管德国所有金融市场的综合性金融监管机构，受到德国联邦财政部监督。它是一个独立的联邦机构，总部位于波恩和法兰克福。当前，德国联邦金融监管局监督 2700 家银行，800 家金融服务机构和 700 多个保险事业。其主要职责，一是参与相关法律、政策的制定，向联邦财政部提出金融监管的法律建议；二是负责市场准入，对境内新成立金融机构及增设机构进行资格审查，并发放经营许可证；三是检查金融机构的日常经营，对金融机构风险大的经营环节等进行审查，这种审查一般在委托社会审计机构审计的基础上进行。根据审查结果，联邦金融监管局可直接对发现的违规行为作出罚款、提出起诉、撤销董事会有责任成员的任职资格、吊销营业执照等处罚。

德国金融监管方式的一个重要特点就是依赖非政府力量来监管银行，而较少使用政府直接监管措施。在放松对金融业管制的同时，加强了对金融业的监管。德国金融监管当局放宽了对资金来源渠道、业务范围、经营地域、利率水平等方面的管制措施，而同时从总体、宏观方面对金融业加强了监管。实现了从常规性监管到风险性监管的转变，重视内控制度建设，强调市场机制的作用，以防范金融风险，实现安全与效率并重的监管目标。

5.2 德国债务规则框架

德国的财政规则比较有特色。在国家层面有针对联邦和州的“债务刹车”规定，根据该规定，政府预算在没有债务收入的情况下也应该保持财政平衡。这条规定已经被写入《基本法》。市镇层面和社保账户也有自己的财政规则和对举债的约束办法。在欧盟层面，根据《稳定与增长公约》的规定，所有欧盟国家都需要遵守《马斯特里赫特条约》中关于赤字和债务的规定，此外，还有欧盟关于成员国中期预算目标的规定。

5.2.1 国家层面的财政规则——“债务刹车”规定

根据德国《基本法》第109条对“债务刹车”的定义，德国联邦政府的财政收支应当在不依靠债务收入的前提下保持平衡。

①联邦政府的结构性赤字不得超过GDP的0.35%。“债务刹车”规定于2011年写进德国宪法。根据“债务刹车”规定，联邦政府的结构性赤字额度不能超过当年GDP的0.35%。考虑到金融危机对德国经济的冲击，允许“债务刹车”规定在2016年正式生效，在此之前，联邦政府有义务每年逐渐减少新增债务额度。截至2016年，联邦政府的结构性赤字不得超过GDP的0.35%，这个规定不仅体现在预算制定的过程中，在预算执行中也会对这一规定的遵守情况进行监督，如果发现该年度的实际结构性赤字额度超过了上限，那么下一年度预算制定时要在结构性赤字额度规定中进行相应的扣减。

②到 2020 年，州政府的赤字限额降为零。根据“债务刹车”规则，到 2020 年，州政府的预算中不再出现新增债务。在此之前，各州还适用各自的财政规则，但应以在 2020 年实现预算平衡为目标。

5.2.2 欧盟层面的财政规则——《欧洲经济货币联盟稳定、协调与治理公约》

2012 年 3 月 2 日，欧盟 25 个成员国共同签署了《欧洲经济货币联盟稳定、协调与治理公约》（简称《财政契约》）。2013 年 7 月 1 日，各成员国又签署了一个补充协议，保证各国内部的财政规则能够与欧盟层面的规则相吻合。根据《财政契约》的规定，欧盟成员国的结构性赤字不得高于该国 GDP 的 0.5%，对于整体债务率低于 60%、债务风险较低的成员国，上述规定放宽到 1%。德国金融稳定委员会作为第三方机构专门负责监督德国联邦政府对《财政契约》的履行情况，为了支持委员会的工作，2013 年 12 月 5 日还成立了一个独立的顾问委员会。

5.2.3 欧元区层面的财政规则——《稳定与增长公约》

1997 年签署的《稳定与增长公约》是为了协调和监督欧元区成员国金融政策和国内金融稳定而制定的规则框架。其制定的初衷是保障欧洲经济货币联盟的正常运转。

1. 《马斯特里赫特条约》

1992 年签署的《马斯特里赫特条约》为欧盟各国加入货币联盟制订了一系列的标准，包括稳定的价格体系、稳定的长期利率、稳定的汇率、赤字和债务的上限要求等。

《稳定与增长公约》将《马斯特里赫特条约》中关于赤字和债务上限的规定进行了细化，规定成员国的财政赤字总量不得高于该国 GDP 的 3%，总债务余额不得高于该国 GDP 的 60%。

2. 债务缩减路径：1/20 规则

为了帮助欧元区国家在欧债危机后快速复苏，《稳定与增长公约》在 2011 年进行了修改，标准制定得更加严格。如果成员国没有达到标准，将会受到相应的制裁。具体来说，如果成员国赤字总额超过了该国 GDP 的 3%，并且该国债务余额超过了 GDP 的 60%，超出的债务额度在接下来的三年没有每年至少减少 1/20，或者在接下来的第一年债务余额没有减少，又没有令欧盟委员会信服的理由，而且在第二年、第三年该额度预计也不会减少，那么该成员国就要受到相应的制裁。

德国在 2017 年的债务余额为 64.75%，符合《稳定与增长公约》中关于债务缩减的要求（65%）。

5.3 德国联邦政府债务规模结构及改革计划

自 2012 年开始实行“债务刹车”的稳定机制以来，德国不仅从 2014 年起不再有新的债务产生，而且对减轻政府累积债务负担采取了积极的措施，使已超出《马斯特里赫特条约》上限标准的政府债务水平有了明显的下降。

5.3.1 德国联邦债务规模

从图 5-2 中可以看出，近 20 年联邦政府债务（不包括联邦特别财产）累计总额最高的是 2014 年，达到 11150 亿欧元，占当年 GDP 的 38.4%。而 2014 年全德国各级政府债务占 GDP 的 75.3%，联邦政府的债务几乎是全国政府债务总计的 1/2。2015 年以后，全国总计政府债务率开始下降，联邦政府的债务总额也开始逐年削减。

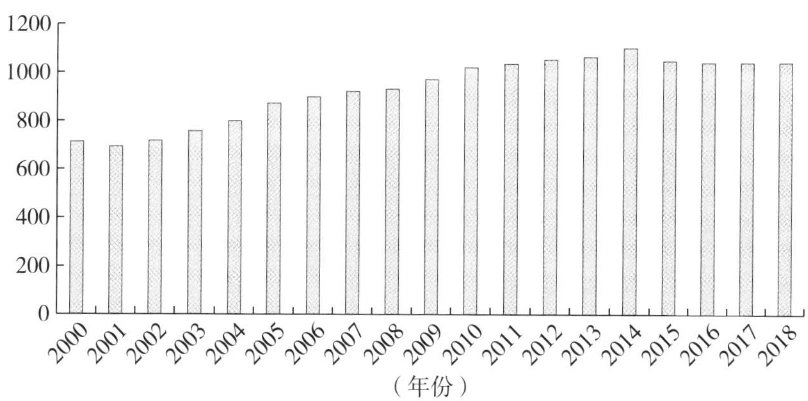

图 5-2 2000—2018 年德国联邦政府债务规模变化一览（单位：10 亿欧元）

注：不包括联邦特别财产。

资料来源：《德国财政计划 2019》。

根据联邦财政部公布的数据，截至 2018 年 12 月末，联邦财政和联邦特别财产（包括政府基金）债务总额为 10702 亿欧元，其中联邦财政债务为

10285 亿欧元，资金市场稳定机制基金 226 亿欧元，投资与偿债基金 191 亿欧元。联邦财政直接债务占债务总额的 96.1%。德国 2018 年实际 GDP 总额为 33882 亿欧元，联邦政府债务占 GDP 的 31.6% 左右。进入 2019 年后，1 月末联邦政府债务总额为 10737 亿欧元，比 2017 年 12 月增加了 35 亿欧元。

从表 5－2 中可以看到现有联邦政府债务从形式上可分为三个部分：联邦债券、借据贷款和其他贷款与账面负债。其中，以联邦债券形式的债务为主要组成部分，其他两部分因所占比重均不超过 1%，所以一般不会对联邦政府债务的发展变化产生重要影响。在联邦债券形式的债务中，以联邦预算借款形式形成的累积债务最高，达到 6933 亿欧元，其中 10 年期的达到 4898 亿欧元，占预算借款债务总计的 70% 以上，也就是说，在 10 年之内联邦政府面临着较重的偿还各类债券的负担。第二位是联邦担保债券 2039 亿欧元，占联邦债务总额的 18.8%，排在第三位的是按惯例发行的联邦国库债券，占联邦政府债务总额的 8.3%。再依次下来是联邦通胀指数债券（6.7%）、联邦无息政府债券（1.0%）和其他联邦债券（0.2%）。从结构上看，中短期债务比例较高，长期债务约占总额的 30% 左右。

表 5－2　　2017 年年末联邦政府债务构成一览

项目	2017 年年末实际	占债务总额比例（%）
联邦财政与特别财产债务总计	10863 亿欧元	100
按债务使用方向划分：		
1. 联邦政府预算	10450 亿欧元	96.2
2. 资金市场稳定基金	224 亿欧元	2.0
3. 投资与偿债基金	189 亿欧元	1.8
按债务形式划分（包括特别财产）：		
1. 联邦债券	10727 亿欧元	98.8
联邦预算借款	6933 亿欧元	63.8
其中：30 年期	2035 亿欧元	—
10 年期	4898 亿欧元	—
联邦通胀指数债券	728 亿欧元	6.7

（续表）

项目	2017年年末实际	占债务总额比例（%）
其中：30年期	63亿欧元	—
10年期	521亿欧元	—
连带还款责任	145亿欧元	—
联邦担保债券	2039亿欧元	18.8
联邦国库债券	910亿欧元	8.3
联邦无息政府债券	100亿欧元	1.0
其他联邦债券	17亿欧元	0.2
2. 借据贷款	91亿欧元	0.8
3. 其他贷款与账面负债	45亿欧元	0.4

资料来源：德国联邦财政部网站。

5.3.2 德国债务削减计划

债务削减计划是针对全国各级政府降低债务而预定的最低目标，首先针对的是联邦政府和各州政府，其次是市镇政府和相关公共事项管理机构（如社保机构）。也就是说，在具体实施的过程中尚没有仅针对政府债务削减的计划目标，各级政府需在保证政府财政正常运行的前提下，尽最大努力削减债务累积。2016年削减的政府债务，主要来自联邦和州两级政府的债务累积，市镇政府和法定社会保障账户的债务状况在根本上没有大的改变。

自从2012年以后，德国全国政府债务总额呈现逐年下降的趋势。2012年政府债务率占当年GDP的79.9%，到2016年这个比例下降到68.3%，这是2009年以来政府债务率首次降到70%以下。此前德国政府债务占GDP的比重最高时达到81%（2010年），远远超出《马斯特里赫特条约》规定的“政府累积债务不得超过当年GDP的60%”的警戒标准，而2009年和2010年也是债务累积增长最快的两年。实行稳定机制和“债务刹车”的举措之后，德国政府严格不举新债、按期偿还旧债，促进经济加速发展，实现财政收支平衡等一系列政策措施，强化削减目标，取得了良好的效果，在2013—2016年的4年，全国的债务率从77.2%降到了68.3%，减少了8.9个百分点。全国的政府直接债务总额在2013年达到21778亿欧元，2016年年末降到20065亿欧元，减少了1713亿欧元。

依据图 5 -3，2018 年至 2020 年全国政府债务率将持续下降，2017 年为 64.5%，2018 年达到 60.9%，2019 年将实现政府债务率低于《马斯特里赫特条约》规定的 60% 的目标。联邦财政部依据以上数据在本轮中期预算中预测，2021 年的政府债务率将降至 57%，回到 2001 年的政府债务水平。

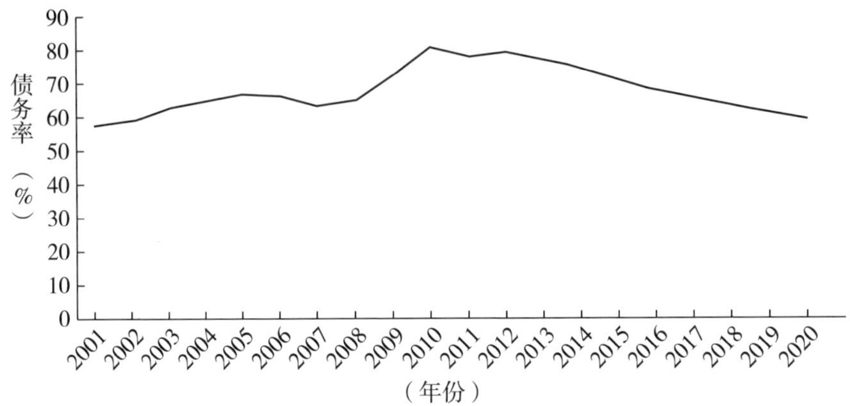

图 5 -3　德国 2001—2020 年全国政府债务率变化情况

注：2001—2016 年为实际数据，2019—2020 年为中期预算预测达到的数据。

5.4　小结

德国政府对政府债务风险控制的重视程度非常高，在制度上采取预算控制、指标控制、规模控制、利率控制等措施，严防债务风险。随着“债务刹车”法案的实施，德国正式对政府债券发行规模进行了限定，发行条件日益收紧。

德国政府追求财政收支平衡既是深远的历史影响的结果，又是德国应对近几年财政形势的对策，与德国的国情密切相关。第一，历史教训使德国形成了恪守财政纪律的传统。20 世纪 20 年代出现的恶性通货膨胀令德国记忆深刻，为防止这一现象的再次出现，德国坚持维持严格的财政政策，因为扩张性财政政策会造成政府债务增加并可能通过债务货币化引发恶性通货膨胀。第二，在欧洲经济一体化过程中，特别是统一货币之后，德国一直是欧洲遵守财政纪律的典范。引入欧元之后，为了保证欧元的稳定，防止欧元区出现通货膨胀，欧盟在 1997 年通过《稳定与增长公约》，规定欧元区各国政府的财政赤字不得超过当年国内生产总值的 3%，公共债务不得超过 GDP 的 60%。

通过在欧元区层面建立统一的财政纪律，德国将自身遵守财政纪律的传统输出到欧元区层面，并对其他欧元区国家财政政策提出规范要求。第三，欧债危机的爆发，再次使德国意识到财政整固的重要性，其认为个别国家政府过度举债是造成危机的重要原因，因此对于危机的救助也不应该通过政府举债、扩大财政支出来完成。推动欧洲经济走出危机的关键，应该是在坚持财政纪律的基础上，加大就业市场、社会福利制度等结构性改革。

6 德国财政支持高质量发展的实践与启示

6.1 第二次世界大战后德国经济的三次转型

德国作为当今世界第四大经济体、欧洲第一大经济体，2017 年的人均 GDP 已超过 4 万美元。从产业结构来看，德国农业产值不足 1%，服务业比重近 2/3，是一个产业结构高度发达的服务型社会，其工业由机器制造、汽车、电子和化工行业领头。德国是一个出口导向型国家，是世界第二大出口国，其国民经济严重依赖出口，出口占世界总出口的比例约为 13%。

6.1.1 德国经济转型过程中遇到的问题和挑战

德国经济的发展并非一帆风顺，经历了 20 世纪五六十年代后期的恢复和高速发展的黄金时代，经济增长率曾高达 7%，20 世纪 70 年代的相对滞胀时期，经济增长率仅约为 2.94%，然后经历了 20 世纪八九十年代的低速缓慢增长阶段，增长率跌破 2% 以下，大约为 1.85%。

1. 战后快速发展时期

1945 年 5 月 8 日，纳粹德国战败投降。此时，德国境内民生凋敝，生产停滞，经济无法满足国民的正常生活需求，完全是短缺和管制经济。在马歇尔计划援助启动后，凭借高素质的人力资本，克服了两德分裂带来的产业和地区性结构断裂，西德在很短的时间内恢复了国民经济的运行和发展，达到并超过了战前水平。

20 世纪五六十年代，西德年均 GDP 增速达近 8%，私人消费活跃，机器和设备等的固定资产投资旺盛，出口增长迅猛，失业率一度跌至 0.7%，近乎完全就业，历史上被称为“经济奇迹”时代。

2. 20 世纪 70 年代的相对滞涨时期

20 世纪 70 年代，西德经济遭遇了来自外部的强大冲击，尤其是美元走弱、布雷顿森林体系的崩溃和两次石油危机。西德经济被迫彻底告别高增长时代，进入经济停滞、通货膨胀高企的滞胀时期。

西德政府放开对马克汇率的管制、实行自由浮动，大量游资的流入使马克升值、通货膨胀压力凸显。劳动者谈判地位的提高，助长了他们在薪酬谈判中提高工资增幅的要求，并带动了通货膨胀；通胀率从1969年的2.1%骤升至1974年的7%；升值的马克和高企的油价令许多行业订单下降、开工不足，加上1971—1973年的"合理化进程"加速了技术进步，导致失业率上升，失业人口达到近100万人，经济增长下降到仅有0.1%的增长率，西德陷入自第二次世界大战以来最严重的经济衰退。

为应对通货膨胀，勃兰特政府和央行推出了取消税收优惠、增加燃油税和提高贴现率等举措来压缩政府开支，但无济于事。施密特政府改弦更张，推出复活总体需求的景气促进计划：通过贷款平衡和支持联邦政府扩大投资，补贴私人投资，专门制订促进建筑业、交通、环保能源的投资计划，改革所得税体系，降低中低阶层税收，提高育儿津贴等福利补贴；其经济政策徘徊于凯恩斯主义和供给指向型之间，一方面扩大政府需求，另一方面通过减税以活跃投资、消费，促进经济增长和就业；同时加强国际经济合作，希望借助建立欧洲货币体系合作来减弱布雷顿森林体系崩溃的冲击、稳定汇率和构建稳定的外部经济环境。

但是，由于持续危机造成民众消费欲望低迷，钢铁、汽车、机器制造、建筑等行业结构问题突出，以及发达国家同陷危机造成出口不振，上述措施不但未能解决西德的滞胀和失业，还导致了公共债务的剧增，使得总体调节政策归于失败。

3. 20世纪90年代的恶性循环

20世纪90年代，两德统一，全球化冲击、老龄化程度加剧构成了对德国经济的严重挑战，德国不仅面临着低增长（增长率不足2%）、高失业（最高近400万左右失业人口），而且消费、投资也很脆弱。消费年均增幅仅1.5%，投资多年负增长，财政赤字超过3%，公共债务10年增长1.1倍，德国彻底得了"德国病"。

德国经济的走弱，主要是由于福利制度等一系列结构性原因和两德统一负担等临时性事件综合作用的结果。过度保障的社会福利制度推高了生产成本，形成了"低增长下高福利——高税收——高负债——高成本——低投资——低增长——高失业"的恶性循环。从20世纪70年代初到90年代末，德国人均福利支出增加了5.3倍多，成为拖累经济增长的后腿；20世纪七八十年代产业结构中过于保护夕阳产业和对信息产业等研发保守滞后使其缺乏富于增长力的主导引领产业；企业治理体制的缺乏灵活性和以利润为首的激励机制使微观缺乏活力；过度的解雇保护和过高的失业保障待遇等造成劳动力市场的僵化，失业率难降。

6.1.2 德国政府为保持经济可持续性而采取的措施

1998年，面对日益严重的“德国病”，德国总理施罗德上台后开始了德国第二次世界大战之后最大的经济和社会变革，针对德国在过去几年内的几大“症状”对症下药，带领德国经济从低迷中走了出来，并保持着稳健的发展。改革的主要内容包括以下方面。

1. 减税

施罗德认为，过去社民党总是同高税收，尤其是同高企业税相提并论的。当代社民党则承认，在正确的情况下进行税制改革和减免税收会大大有助于其承担的社会目标的实现。因此，他在组阁伊始，便提出了三阶段减税方案。根据该方案，德国个人所得税最高税率从1998年53%降低到了2002年的48.5%。

减税政策取得了实效，到2000年实际减税已达454亿马克。于是便对原计划作了修订，将第三阶段提前到2001年来执行，同时制订了2001年、2003年和2005年第二个三阶段税改计划。

第二次税改计划减税950亿马克，其中消费者和企业减税625亿马克（低收入个人326亿马克，中产阶层231亿马克，大企业68亿马克）。个人所得税最高税率从2001年的48.5%降到了2005年的42%。

在减税计划中降低企业税负成本是一个突出的问题。企业税负成本是企业所缴纳各类税种的综合，包括了企业所得税、营业税和团结附加税。针对企业税负，改革主要包括三个方面。

（1）改革企业所得税税率

德国的企业利润包括分配利润和留成利润两部分，留成利润的税率要高于分配利润的税率，1991—1993年前者为50%，后者为36%。从1994年起前者降为45%，后者降为30%。施罗德政府执政后决定先将公司留成利润税率从45%降至40%，分配利润税率维持30%不变；从2001年开始两种税率并轨，同时下调至25%，并规定企业所有税负，即企业所得税加上营业税和团结附加税后的全部纳税额，不得超过35%。

（2）改革企业股东红利缴税办法

过去是将所得红利全额按累进制缴纳所得税，现在则改成了半额折算。营业税也允许折算成所得税。

（3）从2002年起出售企业股票不再纳税

由此可见，企业税减免幅度之大。这对加速企业资本的形成，增强企业的投资，提高企业的竞争力具有突出的意义。

2. 采取相对紧缩的货币政策

德国政府决定采取相对紧缩的货币政策，严格控制货币量，使货币量的增长同长期的增长潜力相适应。但是由于欧洲货币联盟成立后各成员国的货币政策大权已转让给欧洲央行，因此德国在该领域已无独立决策的权力。好在当时欧盟各国的经济形势大同小异，欧洲央行当时奉行的同样是紧缩货币政策。例如，2000年12月14日欧洲央行决定将货币量M3在2001年的增长率定在4%。这在德国过去的货币量“目标走廊”上就属于下限，对于施罗德政府推行供给导向经济政策当然不会构成任何障碍。

3. 削减福利开支，提高个人和企业的投资能力

“德国病”的最主要症状就是高福利，因此削减高福利就必然成为施罗德政府经济政策的重点。施罗德认为，经济政策旨在提高就业者的净收入，同时降低雇主的劳动成本。因此，通过对社会保障体制进行结构改革和建立一个面向未来、有利于就业的税收结构来减少法定附加工资就显得尤为重要。然而由于它涉及的是削减人民的切身利益，是“触犯众怒的”，于是其便成了施罗德经济政策中最敏感、也是他最为谨慎推行的举措。具体措施有以下几项。

（1）削减法定附加工资

把1998年42.3%的法定附加工资降至2000年的40%以下。

（2）降低养老金支出和养老金保险

从1999年4月1日起养老金保险金额从20.3%降至19.5%，到2003年再降0.5%。同时规定，2000年和2001年这两年养老金不同最后工资挂钩，而同通胀率挂钩，这样，仅2000年一年便减少了30亿马克支出，其他福利支出的增长同样以此办理，这样又可减少30亿马克的支出。

（3）削减失业救济

德国政府制订了哈茨就业计划，有计划、分步骤地减少失业救济，拉动

国内就业。

同时，为了平抑一般百姓对于削减福利的不满，施罗德政府决定把子女津贴费从每人每月220马克逐步提高到270马克。同时，提高了照看16周岁以下子女的免税额度。虽然此项规定会增加联邦政府的财政支出，但是对比前述几项带来的支出的缩减，只是一小部分。

4. 增加就业的同时削减失业津贴

20世纪90年代，德国的失业率上升，三次突破400万大关。失业大军主要由长期失业者、年龄偏大的失业者、低能力失业者、残疾人、妇女等组成。施罗德上台后就立即宣布："降低失业是新联邦政府的最高目标。"同时强调："国家必须主动推动就业，而不应成为那些经济失调牺牲品的被动赡养人。"这就是说，钱要花在推动就业上而不是补贴失业上，从而突出了供给导向的主动劳动市场政策。在哈茨计划的指导下，德国政府一方面加大劳动市场的投入，依靠高新技术和创新来增加劳动岗位，并为失业者提供职业技能培训，制定相关法律法规以促进对雇员合法权益的保护等；另一方面削减失业救济，取消特殊失业救济，增大就业吸引力。

通过上述措施，德国就业人数有所上升，失业人数有所下降。1999年德国就业人数从1998年的3600万人增至3790万人，2000年进一步增至3850万；1998年失业率为11.1%，1999年降至10.5%，2000年降至9.6%，2001年降至9%。

6.1.3 启示

1. 结构调整和增强经济竞争力是财政可持续的基石

从国际经验看，经济增速逐步下降，符合追赶型经济发展的一般规律。政府要做的是尽量保持经济的中速发展，而不至于一下子降为低速，带来失业等危及社会稳定的问题。其中，结构调整和发展方式转变是关键，依靠市场培育新的经济发展动力、促进一些新兴的且具有战略性的产业发展是重点。从这个角度上讲，结构调整和增强经济竞争力是财政长期可持续的基础。

即使是需要实施财政紧缩政策时，也不是盲目地增收减支，而是有选择地优化税收结构、增扭曲性小的税种、减扭曲性大的税种，有选择地降低政府行政开支、尽量保持经济增长效应较强的支出项目，并通过切实可行的制度保障来加强财政稳定的执行力度。

2. 福利水平设定应量力而行

从欧美等国福利制度的形成发展看，过高的社会福利不但无法促进经济增长，而且可能成为社会负担。但削减福利却面临着更加巨大的阻力，容易引发社会矛盾，影响社会稳定。因此，尽管我国还在逐步提高社会福利水平的进程当中，但在提高社会福利过程中应当把握好“度”，坚持量力而行，警惕福利赶超现象。因此，我国社会福利制度的构建与完善必须从可持续性角度，坚持“广覆盖、保基本”原则，从有限、适度的保障水平起步，逐步提高与我国实际国情相适应的保障水平。

在人口老龄化背景下，制定社会福利政策时，政府应该充分预测未来一段时期内的人口变化情况，当期标准要与远期负担统筹考虑，从而制定符合中国实际国情的社会福利水平，只有这样才能促进整个社会和谐发展。

3. 加强财政风险预警，抑制地方政府的投资冲动

西方各国普遍建立了地方财政风险预警体系，其中，诸如地方政府的财政赤字、债务水平、预期借款需求占政府收入的比例等指标都纳入监测范围。对地方财政加强监控，有助于抑制地方政府的投资冲动。在日本、美国、德国、意大利等发达国家，地方政府融资体系相对比较健全，这对化解地方财政风险有很大的帮助。

近年来，中国地方政府债务融资平台规模不断增长，有些在偿还债务方面已经遇到困难。对此，中央财政应予以高度重视，对地方政府及官员的考核机制也应从过去的 GDP 增长率转为对政府提供公共服务效率与效果的考核。

6.2 德国政策性金融支持产业发展

政策性金融是为贯彻和配合政府经济和社会发展政策及意图，依托国家信用等金融手段，在特定领域开展的融资活动。我国政策性银行经过 20 余年的发展，虽然在机构运营和监管方面日益完善，但是仍然面临着一些问题和挑战，如政策性金融如何促进政府目标的实现、政策性银行与商业银行的关系和边界等。德国复兴信贷银行作为世界领先的政策性银行，经营业务紧紧围绕联邦政府政策意图，通过市场化的经营模式，重点发展中小企业融资、政策性居民贷款、财政合作、出口信贷等业务，着力培育国家经济增长动力。德国复兴信贷银行的一些做法和亮点值得我们学习和借鉴。

6.2.1 德国复兴信贷银行的历史演变

1. 德国复兴信贷银行的成立与改组

德国复兴信贷银行（KfW）成立于1948年，最初是为了加快第二次世界大战后德国的重建而设立。初始资本来源于欧洲复兴计划（马歇尔计划）的援助基金。成立之初，德国复兴信贷银行的主要业务范围有三点：一是为德国能源供应系统重建、修复战争中被破坏的房屋和其他建筑物提供低息贷款；二是对采矿、钢铁和电力生产大型商业性经营企业的投资活动给予贷款支持；三是推动战后德国的农业机械化。20世纪50年代末，西德国内经济好转，德国复兴信贷银行开始承担更多的全球责任，并开始为西德对外投资提供融资。在国内，德国复兴信贷银行开始关注中小企业融资、职业培训和更先进的工业项目。

21世纪初，欧盟委员会对德国复兴信贷银行发起调查，认为德国联邦政府为其提供的再融资担保与欧盟竞争法有冲突。这促使德国复兴信贷银行经历了史上最大的职能调整。2002年3月，联邦政府与欧盟委员会就德国复兴信贷银行的重组达成协议，德国复兴信贷银行可继续由联邦政府担保，但其促进业务与商业金融业务要分离。因此，德国复兴信贷银行进行重组，并最终于2014年成立了德国复兴信贷银行集团。

2. 德国复兴信贷银行的组织架构

德国复兴信贷银行的股权全部由政府持有，其中联邦政府持有80%，州政府持有20%。2018年，该集团的贷款承诺额为755亿欧元，集团利润为16亿欧元。贷款承诺额中，48%用于支持非洲国家和中东建设，40%用于国内环境保护领域贷款，其他则主要用于支持数字化建设。在贷款承诺额中，中小企业贷款比例占到了41%左右。经过21世纪以来的多次调整，目前德国复兴信贷银行集团包括6家子公司，分别是IPEX银行有限公司（IPEX Bank GmbH）、德国投资发展有限公司（DEG）、KfW资本公司（KfW Capital）、中小企业银行（Mittelstands Bank）、融资与咨询公司（FuB）、dena。

IPEX银行负责德国复兴信贷银行在全球范围内所有经营性市场活动，政府不对其再融资提供担保，而是在独立评级的基础上按市场条件从德国复兴信贷银行筹集资金。DEG负责为发展中国家和转型国家中小私营企业提供融资，包括贷款、股权融资、夹层融资和担保等，其在80多个国家拥有约86亿欧元的投资组合。KfW资本成立于2018年10月，工作职能是在德国和欧洲发放风险投资和风险债，改善处于萌芽期和发展期科技企业的资金获取渠道。中小企业银行主要负责对德国中小企业、初创企业、个体经营者等提供一般商业贷款、创业贷款、科技创新贷款、环保贷款等。融资与咨询公司的主要职能是处理与德国东部货币转换相关的特殊任务以及接管前东德保险公司 SinA 的代理业务。dena 是德国复兴信贷银行集团持股 26% 的子公司，致力于促进高效环保和可再生能源的生产和使用。

6.2.2 德国复兴信贷银行促进经济发展的典型案例——发展绿色经济

在提高能源节约水平和企业对可再生能源的使用效率方面，德国复兴信贷银行主要通过两种方式参与：一是协助政府开展项目，其所提供的贷款全部来自政府预算资金，而非德国复兴信贷银行自身的资金；二是通过自己在资本市场上筹集资金为中小企业提供融资，这些资金以低于市场水平的利率贷给中小企业。德国复兴信贷银行在选择客户前，通常会与商业银行进行沟通，了解商业银行的筛选标准和企业在商业银行的融资情况。例如，2000 年，商业银行反映无法给予太阳能光伏电池相关的蓄电设施生产企业提供融资，因此，德国复兴信贷银行与电力监管机构和经济与能源部等政府有关部门进行讨论后，调整了融资计划，以弥补商业性银行的融资缺陷。

2010 年，德国联邦政府决定实行降低建筑能耗的改革。借助所积累的长期经验，德国复兴信贷银行与相关研究机构合作，为经济与能源部的节能建筑战略献计献策，凭借其在建筑节能方面的工程技术专业知识，参与节能房屋标准的制定，并根据房屋能效是否达标来决定项目的贷款水平。截至 2017 年 1 月，德国复兴信贷银行的节能建设和翻新项目所有贷款利率均低于市场利率 0.75%。如果建筑能耗低于建筑规范要求的 55%，还会有最高 27.5% 的贷款获得财政拨款支持。此外，德国复兴信贷银行还定期对房屋能效计划进行监督和评估。其内部研究委员会每年都会发布监测报告，跟踪监测贷款数量和预估二氧化碳减排量。

6.2.3 德国复兴信贷银行的运营特点

1. 项目规划具有明显的政策导向

德国复兴信贷银行是联邦政府政策执行机构，其贷款投放严格落实联邦政府政策意图，根据联邦政府政策安排服务于德国经济和社会发展需求，如支持中小企业发展、保障德国和欧洲的原材料供给、居民房屋节能改造、应对气候和环境变化等。由于德国复兴信贷银行助力政府实现政策目标，相应地，德国联邦政府也为其提供有效保障。德国联邦政府每年从预算中向德国复兴信贷银行直接划拨贴息资金，并与其各承担25%的第一债务人风险。政府指令的具体业务产生亏损可以要求政府补贴。该行按照德国联邦政府指导在高风险国家开展的开发性业务，由德国联邦政府提供80%的风险担保。借助联邦政府提供担保的间接辅助融资，德国复兴信贷银行才能够承接商业领域中财务盈利不足的项目。在予以保障的同时，政府部门代表组成监事会，持续监督德国复兴信贷银行业务经营和资产运营。

2. 采用市场化的融资模式

德国复兴信贷银行依靠资本市场进行市场化融资实现自身盈利，而不依靠国家财政补贴。2017 年，国内外资本市场融资占德国复兴信贷银行资金来源的99%，联邦政府预算拨款占1%。德国复兴信贷银行在国际资本市场发行的债券包括美元或欧元基准债券（Benchmark Bonds）、其他公开发行债券（Public Transactions）和私募债券（Private Placements）三类，其中基准债券约占其2017 年年底长期资金来源的71%。除政府信用支持因素外，德国复兴信贷银行由于经营稳健，自2009 年至今一直被评为世界最安全的银行，国际市场长期信用评级为AAA，其发行的企业债券在国内外金融市场上广受投资者青睐。

3. 与商业银行合作完成贷款发放

德国复兴信贷银行向客户放贷全部通过商业银行实施。由于得到政府全额担保的信用支持，德国复兴信贷银行融资成本远低于国内商业银行。为维护金融市场秩序，德国法律规定，德国复兴信贷银行不得与商业银行竞争，贷款不得直接向客户发放，而是与商业银行合作对客户提供融资，形成了“德国复兴信贷银行——商业银行——客户”的经营模式，即客户可以向合作商业银行提出贷款申请，由商业银行对贷款申请进行审核、评估风险，经商业银行审核通过后，再由德国复兴信贷银行提供贷款。如德国复兴信贷银行对中小企业发放创业起步贷款时，约定由德国复兴信贷银行承担80%的信贷风险，商业银行承担20%，这样使得商业银行能够更好地选择贷款项目。通过建立德国复兴信贷银行与商业银行的良好合作关系，既可以避免德国复兴信贷银行因联邦政府信用担保可能出现的道德风险问题，有利于督促德国复兴信贷银行加强风险管理，维护联邦政府利益，也可以避免德国复兴信贷银行低息资金导致的不公平竞争、金融市场秩序紊乱，同时防止德国复兴信贷银行与商业银行业务重叠。

6.2.4 启示

德国复兴信贷银行作为连接政府和市场的准公共机构，在促进德国国内经济发展方面取得了巨大成功，对我国的政策性金融有一定的启示和借鉴意义。

1. 政策性银行是服务国家战略的重要工具

纵观全球，政策性银行都是政府干预市场失灵、解决市场成长不足的工具。其融资领域仅限于需要政府特别扶持的领域，多为提供公共性或准公共性产品领域。通过政策性银行带动商业性资金加大对国家重点扶持领域的投入，既可以起到扶持作用，又避免了直接的政府干预，是政策性银行服务国家战略的重要职能。但是，政策性银行的业务领域并不是一成不变的，应该随着国家经济发展阶段和发展战略的变化进行调整。在经济发展初期阶段，政策性银行主要定位为支持本国基础设施建设；在经济发展起飞阶段，重点变为支持国家主导产业、战略产业等领域发展；在经济发展成熟阶段，定位更多地转向社会薄弱领域，如支持中小企业、环保等。

2. 通过法律制度保障政策性银行的自主性

由于政策性银行和政府间的密切关系，投资决策会面临受政治利益驱使而非由社会目标决定的风险。在极端情况下，政策性银行可能变成预算外收入的资产负债表，将资金投向耗资巨大的政治项目，同样可能成为腐败交易的“沃土”。规范政府与政策性银行的关系，首先就要从法律上明确政策性银行的性质、地位、业务领域、业务运作、资金筹集、治理结构等重大问题。政府在干预政策性银行业务时有法可依，政策性银行在业务运作中哪些可做、实现什么目标、怎么运作都有法可依，使政策性银行对自身发展可有长远规划和预期。例如，德国用《德国复兴信贷银行法》明确了复兴信贷银行的职能。

3. 经营性业务与商业性业务的分离

同时开展政策性业务和商业性业务，容易导致政策性银行定位不清，有时甚至利用政策性业务享受优惠政策等特点进行套利，滋生道德风险，不利于维护公平竞争的市场环境，也不利于正确评价政策性银行的经营成果、合理确定优惠政策。借鉴德国复兴信贷银行的做法，一是要厘清业务边界，合理、清晰地划分政策性业务和商业性业务的边界，明确商业性业务范畴；二是分账管理，对政策性业务和商业性业务分别建立账户实行分账管理、分类核算；三是以政策性业务为主，突出政策性功能定位，有所为有所不为，合理压缩并审慎发展商业性业务。长远来看，我国政策性银行可以探索设置专营事业部，实现政策性和商业性业务在组织架构、部门设置等方面的分离，建立差异化的资本管理机制等，更合理、有效地运用资金，实现稳健可持续发展。

4. 组建专家团队规避融资风险

与商业性银行相比，政策性银行有着特殊的融资客户选择标准，因此其风险把控也要严格很多。德国复兴信贷银行将很大一部分精力用于掌握超越信贷决策的技术专家，如关于资本市场、银行业和监管，以及农业、能源、交通运输、水资源、自然资源和土木工程等领域。拥有这些专家使得德国复兴信贷银行能够根据内部员工的可靠标准为投资决策提供参考基础，而不是依赖一般市场或咨询公司。无论是确定市场缺陷，还是对不同干预措施和方案的后果进行预测，都需要这些专家对相关领域和市场有深入的理解，以降低政策性银行的经营风险。

6.3 德国 PPP 模式的尝试性发展

6.3.1 德国 PPP 发展概况

在德国，过去很长时间，关于是否推行 PPP 模式一直存在争论，政府推行 PPP 的意愿也不强烈。2004 年，德国根据公共住房机构一份关于 PPP 模式的研究报告的推荐，成立了联邦竞争中心（Federal Competence Centre），这个机构的成立大大推动了 PPP 模式在德国的发展。

德国现行的 PPP 模式是以一种上下协调、多层激励的方式来推动和发展的。德国联邦政府长期以来通过建立各式各样的 PPP 促进机构致力于支持 PPP 事业的发展。这些 PPP 促进机构主要分为以下四类。

一是大多数联邦州都会成立的 PPP 工作小组（PPP Task Force）。有几个州的 PPP 工作小组较为活跃，例如，北莱茵 - 威斯特法伦州财政部的 PPP 工作小组、石勒苏益格 - 荷尔斯泰因州和勃兰登堡州州立开发银行的 PPP 工作小组、巴登 - 符腾堡州经济事务部的 PPP 工作小组以及黑森州 PPP 管理中心。这些政府部门通过向州和市镇一级的机构提供建议或者帮它们组织研讨会的形式提供帮助。

二是德国 PPP 公司（Partnerships Germany）。这是一个为公共部门和私人部门提供咨询服务的机构，是在联邦政府的指导下成立的。这个机构的职责就是加强和促进德国国内 PPP 事业的发展。PPP 公司的首要任务就是为公共部门提供咨询服务，通过在项目的早期提供咨询来帮助公共部门确定是否应该使用 PPP 这种模式。同时，PPP 公司还向公共部门提供操作指南和标准文件类的指导文件。该公司指导的 PPP 项目类型主要有建设类（文化、科研、医疗）和 IT 类的 PPP 项目。

三是联邦交通部于 2003 年成立的交通基础设施融资公司（VIFG）。这是一家通过交通运输设施盈利来进行融资的私人公司。这家公司的任务就是管理和分配通过征收重型车辆费所筹集的收入，并推动 PPP 的发展。它会在项目的识别、准备和实行阶段对交通运输业的公共部门提供支持，对正在进行的项目的收益、风险和其融资模式进行评估，并为项目提供专业技术指导。

四是联邦国防部下属的 PPP 发展和促进公司。德国的 PPP 分类中十分明确地将国防部的项目单独列出。这家公司的主要职责是为德国军队和国防部提供一些民用设施，保证民用设施的提供能够高质、高效。其目的在于通过提高民用设施和服务的水平来增强德国军队的整体力量。德国 PPP 发展和促进公司不仅负责军队的 PPP 项目，还负责私有化以及其他与私人部门的合作。

6.3.2 德国的 PPP 法律体系

德国是大陆法系国家。德国的法律体系无论是公法还是私法都继承了罗马法的传统，也保存了若干日耳曼法的特点。它的法律以制定法为主。私法都在民法法典的规范之下。德国的民法法典内容包含一般合同的规范、特殊类型的合同规范（如劳动合同）等，这些都或多或少与 PPP 有关。德国的法律体系相对较为稳定，如果要进行修改，必须在欧盟法律体系的框架下进行修改。

1. PPP/特许权立法

德国没有针对所有类型 PPP 项目的专门的 PPP 法，但是有一部针对特许权类型 PPP 的特许权立法——《1994 联邦私人道路融资法案》（The Federal Private Road Financing Act of 1994），主要针对的是收费的桥梁、隧道、道路或者水渠等项目。2005 年 9 月 8 日，德国联邦政府颁布了德国《PPP 促进法案(2005)》（PPP Acceleration Act 2005）。该法案将欧盟 2004 年的政府采购法部分转换成了德国国内的法律。这部法案的目的在于通过一部成文的法律为德国国内的PPP的识别和实施清除障碍。

之后，德国一直在致力于起草一部新的PPP简化法案，该法案除了现有的相关规定外，还计划加入关于PPP税收相关方面的规范，以期更全面地促进PPP的发展。虽然该法案目前还没有出台，但是其中的一些方面已经开始以部门条例的形式加以实施（如《联邦医院融资法案》《联邦投资法案2008》）。

德国PPP项目在实施过程中遇到了许多法律方面的障碍和难题。其中有些难题在《PPP促进法案（2005）》中已经得到解决，有一些税收方面的问题则通过《公司税修订法案2008》得到解决。但尽管如此，现行法律中仍然有一些阻碍PPP正常实施的规定，特别是融资法和税法在某些方面设障较多。

例如，现行的针对省级公路、医院和学校融资的公共融资法对于建设、维护和运营阶段的融资适用不同的规定，这与PPP全周期的管理实践相矛盾。因此，在某些地区，融资法案已经开始着手修订或者即将修订。例如，联邦层面已经修订了医院建设的融资体系法案。学校的事务由于是各州自己的事务，因此相关法案需要各州自己作出修订。

另外，还有现行税法对PPP项目的歧视。在现行税法约束下，某些通过PPP的形式提供的公共服务成本将比由政府来提供高19%。多出来的部分就是多交的税收，这极大地增加了PPP的实施成本。又如，德国污水处理领域鲜有PPP的应用，仅仅自来水供应领域有PPP的身影，这主要是因为污水处理和自来水供应适用的是不同的增值税税率，因此，污水处理领域无形中受到了来自税法的歧视。

2. 政府采购法

在德国，约束和规范公共合同的法律主要有《反不正当竞争法》（Act against Restraints on Competition）的第四部分、《政府采购法令》（Procurement Ordinance）、建设合同、服务合同相关的特殊规定等。涉及的领域主要有交通运输、供水、采矿、能源领域。这些规章在2009年得到了统一修订。修订的目的是使其符合欧盟的相关规定，简化规章结构，并为PPP的立法提供前期的准备工作。

修订后有一条是允许中等规模的私人公司加入PPP建设项目中。根据最新规定，公共机构在政府采购时要根据公共产品的数量和种类分批次和分模块采购公共服务和公共产品。如果由于技术或者经济原因，采购合同不能被分块，那么公共部门必须在合同中确认，该合同在子合同中将被分割，除非遇到技术或者经济方面的原因无法分割。最新的法律倾向于让更多的中小企业加入 PPP 项目，成为子合同的签订者。

德国的政府采购法是建立在欧盟政府采购指令的基础上，采纳了欧盟法律中的开放、限制、谈判和竞争性磋商等方式，其主要的约束对象是州和地方为了公共利益进行非商业性采购的公共部门。《反不正当竞争法》设立了合同的金额下限，只有这个额度以上的合同才受到该法律的约束。

一般来讲，普通的政府采购偏好采用公开或者限制的方式，PPP 项目通常会选择使用谈判的方式。最近，越来越多的 PPP 合同开始采用竞争性对话的方式。

当然，还有许多情况是欧盟法律中没有涵盖的，是具有德国特色的问题，如关于 PPP 项目竞标的成本问题。在德国，尤其是一些中小企业，纷纷抱怨在准备 PPP 项目竞标时产生的成本过高，让它们无法承受。这些都是未来 PPP 立法时需要考虑的问题。目前，由于德国没有专门的 PPP 法，所以 PPP 项目只能采用政府采购法。但政府采购法无法涵盖特许权合同类型。

在德国，PPP 项目的采购流程分为四个阶段，分别为项目的初始阶段、项目的前期阶段、项目的招标阶段和项目的执行阶段。在该采购流程中，VFM（物有所值）评价方法涉及三个步骤：一是 PPP 的定性描述为 VFM 的取得提供证据；二是 PSC（公共部门比较）的定量和定性的综合描述，作为粗估的 PSC 值；三是最终的 PSC 的定量描述，通过中标者的投标报价来表明 VFM 最终确实能得到。在每个步骤里都需要对是选择 PPP 模式还是传统模式进行决策，如果在这个模型里 VFM 得不到，那么只能选择传统模式。

3. PPP 项目融资

德国的 PPP 融资方包括私人银行和国有银行。一般情况下，小规模的项目由小型银行来融资，而如果项目规模比较大，就需要大型银行参与，有时还需要国际银行的支持。小型项目的融资模式一般被称为福费廷机制（Forfeiting Structure）。福费廷被称为无追索权的融资，又称买断、包买票据。这种融资方式一般用在大型国际贸易中。尤其是在延期付款的大宗贸易交易中，出口商把经进口商承兑的，并按不同的定期利息计息的，通常由进口商所在银行开具的远期信用证，无追索权地售予出口商所在银行或大金融公司的一种资金融通方式。它是一种为出口商贴现已经承兑的、通常由进口商方面的银行担保的远期票据服务，属票据融资。通过以无追索权的方式买断出口商的远期债权，融资银行或大金融公司对信用证开证银行已经承兑的远期汇票向信用证受益人提供票据贴现，这样出口商能够立即回笼资金，使出口商在获得出口融资的同时，消除了出口商因远期收汇风险及汇率和利率带来潜在风险。在国内也将这种方式称为包买票据业务，融资商通常被称为包买商。福费廷是一种以无追索权形式为出口商贴现大额远期票据提供融资并能防范信贷风险与汇价风险的金融服务。在 PPP 领域，通常是指私人企业将从公共部门那里产生的项目建设的应收账款卖给银行，而公共部门则表示不对私人部门的这种业务表示反对。福费廷作为一种灵活简便有效的融资方式，提高了私人企业的现金流，很受私人企业的欢迎。

在 2008 年国际金融危机期间，德国的 PPP 项目也深受影响。一些大型项目的中标者在融资中都遇到了困难，一些银行业放慢了融资的脚步。总体来说，PPP 这种形式还是越来越受欢迎。

6.3.3 德国反垄断政策

德国虽然是后起的经济大国，但其垄断程度也颇高，曾一度被称为是“卡特尔的国家”。早在第一次世界大战之前，垄断就已经在各个重要的经济部门中出现。第一次世界大战后，托拉斯和康采恩在德国重要的工业部门中日益占统治地位。

德国社会市场经济体制既强调竞争，又兼顾某些经济领域缓和竞争的必要性；既重视发挥市场机制的调节作用，又保持国家对市场的宏观管理和行政干预。在可以充分自由竞争的领域，禁止垄断，鼓励和保护竞争；在无法充分自由竞争的领域，缓和或遏制垄断，禁止对市场有支配地位的企业滥用优势。

因此，德国制定了《反限制竞争法》等一系列有关法律，主要目的如下：①禁止限制竞争协议，确定价格卡特尔、数量卡特尔、地域卡特尔等本身违法。②禁止滥用市场支配地位。对占有市场支配地位的企业及其行为进行监督控制。③禁止违反法律规定的企业兼并控制。德国还建立了反垄断执法体系，统称为反卡特尔局，包括联邦反卡特尔局、联邦经济部、州反卡特尔局和反垄断委员会。其中联邦反卡特尔局是最主要的执法机构，也是一个独立的执法机关，它向联邦议会负责，负责监管德国各行各业的市场竞争秩序，内设若干个工作部门，每个部门负责 1~2 个行业。联邦 16 个州也分别设有反卡特尔局，作为地方的执法机关，隶属于州经济部。州反卡特尔局和联邦反卡特尔局间无行政隶属关系。联邦和州反卡特尔局有调查权、罚款权，经法院许可可以行使扣押、搜查权等。反垄断委员会是独立的咨询机构，它的主要任务是对德国企业的集中化发展以及企业合并的情况进行定期评估，评估报告通常能够影响反卡特尔法的具体执行，而且还能够影响到联邦经济部的决策。德国反垄断执法体系在特定情况下，反卡特尔局和经济部长可共同执行反垄断法，这是德国反垄断执法的重要特点。

联邦反卡特尔局的主要是职能是维护市场公平竞争、批准企业兼并申请、禁止企业勾结和联合定价等行为以及对企业是否滥用市场地位和违反竞争法进行监管等。每年仅关于兼并审查方面的决定就有大约1400件。这些决定既不受上级领导和部门的影响，也不受政治因素的影响。局内设有行政、信息、法律事务、欧盟竞争法和综合政策以及反卡特尔的专业职能机构，为各专业处的决策提供相关服务。此外，为保证监管决策的公正，还专设3个审查复议部门，在联邦政府职责范围内实施对投标者的法律保护，任何投标未被接受或者认为合约缔结程序存在违反公平原则的投标者都可以提出审查申请。

反卡特尔局并非要禁止任何形式的企业对市场的垄断，而是要监督企业，特别是大企业不能损害竞争对手和消费者的利益。要区分一个企业在一个市场中是否是垄断的，要看它的行为是不是按照竞争来决定的。比如一个企业毫无顾虑地提高价格，不怕竞争对手，那么这个企业在这个市场上是垄断的。法律规定如果一企业占有1/3以上的市场，就会认为有垄断的可能。在企业合并的问题上，对于10亿欧元以上营业额的企业合并要先得到反卡特尔局的允许，10亿欧元以下的可以先合并，但合并以后要报告反卡特尔局，反卡特尔局接到报告要进行检查，看企业是否通过合并来达到垄断或加强垄断的地位。反卡特尔局的工作实际上是很艰难的，它的成果往往要过几十年才能反映出来，需要同时考虑的是政治、经济多方面的因素，虽然阻止某些企业的合并会给企业带来经济上的困难，但它必须从全局去考虑。企业不服反卡特尔局的决定可以通过法律解决，有权受理的法院为杜塞尔多夫的州际高级法院，仍然有异议的可以由联邦最高法院受理。部长许可几十年来只发生过一次：奔驰公司的合并事件使奔驰公司成为欧洲最大的集团并在军火方面有很大影响。在这种情况下，尽管反卡特尔局禁止合并，但它们的合并取得了部长的许可，得以成行。

在经济全球化浪潮的影响下，国家间企业的合并成为联邦反卡特尔局的一项新的挑战。国家间企业的合并以规模大而著称，如世界500强企业德国戴姆勒奔驰公司和美国克莱斯勒公司的合并，德国医药巨头赫希斯特公司和法国罗纳－普朗克公司的合并。虽然企业跨国合并对世界竞争基本上没有不利的影响，但有些产业部门，如汽车和石油业，随着生产的高度集中，少数企业共同操纵产品价格的可能性增大了。因此，对巨型合并可能造成的损害不能低估。虽然上述的两次合并均未产生市场支配地位，但是据美国的市场调查，只有1/2的企业合并实现了企业的初衷。这就要求反垄断执法机关必须在反垄断领域进行国际合作和协调。联邦反卡特尔局因此在市场监管领域开展了广泛的国际交流和合作：1999年5月10—11日在柏林主持召开以“巨型合并——对反垄断法的挑战”为题的反卡特尔法世界大会，来自49个国家的250位学者和官员在这次会议上对巨型企业的跨国合并进行了深入的讨论；同美国等国家签定反垄断双边合作协议，主张其反垄断法的域外管辖权；在多边合作上，早在1993年，以德国和美国反垄断法专家为首组成的国际反垄断法典工作小组向关贸总协定提交了一个《国际反垄断法典草案》，但因为时机还不成熟没有被世界贸易组织所接受。现任的联邦反卡特尔局局长正担任着于2001年成立的国际竞争网络机构的主席，通过该网络，联邦反卡特尔局与79个国家的89家竞争监管机构建立了交流和合作关系，通过监管经验共享和对“最佳实践”的发展，促进国际间竞争监管的合作和协调。

6.3.4 启示

PPP模式是推动德国现代化建设的一项重要举措。此外，一方面公共预算的资金危机，另一方面德国综合国力的提升与现代基础设施建设的巨大需求，也迫使德国重新思考国家与私营企业之间的传统职能分工和资金分配关系。

国际经验表明，PPP模式是一项新型的、通常也是有助于进一步提高政府公共服务水平的举措。通过PPP模式，政府既可以在投入较少成本的基础上加快公共服务的提升，又可提高其公共服务的质量。目前，PPP模式在英国、荷兰、丹麦、瑞典、法国、葡萄牙和希腊均取得了积极成果。相较于公共基础设施建设项目的传统实施办法，PPP模式的投入已实现了高达10%~20%的资源节省。然而在德国，PPP模式至今仍只是选择性运作，而没有得到全面推广。

德国目前尚没有针对PPP的专门法律。PPP项目的实施需要遵从一系列不同的相关法律。现行的法律框架虽不至于阻碍PPP模式在德国的实现，但却依然会对PPP的发展造成消极影响。公共采购者及私人供应商双方在投竞标、合同制定以及PPP模式实施的过程中遭遇的一系列突出问题，均损害了PPP模式的司法保障并会阻碍其顺利实施。同时，税法中的相关规定也不利于PPP模式采购方案的顺利实施。

除税务问题外，还需扫清阻碍PPP模式在德国运作的具体收费、投标及预算相关法律方面的阻力。总体来说，联邦政府一直致力于修改现行的相关法律，为PPP的顺利实施扫清障碍。PPP模式在德国的继续推进，亟须一个完善的法律框架的保驾护航。德国PPP的发展情况在很大程度上取决于这些法律的修改完善程度。

此外，在融资方面，如在开放式不动产基金领域的政府和社会资本合作项目仍存在着准入壁垒。10亿量级的新兴PPP市场能否从集资机构，如开放式及封闭式不动产基金，募集到融资资金，将是融资方面至关重要的一环。

附：

促进公私合作制及完善公私合作制法律框架的法案（节选）

第一条
《反对限制竞争法》的修订

对于1998年8月26日（联邦法律公报第一卷第2546页）颁布，于2004年12月9日（联邦法律公报第一卷第3220页）对其中的第二十二条作出最新修订的《反对限制竞争法》作出以下修改。

1. 在第九十九条中增加第六款。

“（6）如果服务的价值超过货物的价值，以货物的采购及服务的提供为内容的公共采购为服务采购。除了服务以外还包括相对于采购主要内容为辅助工作的建筑工程在内的公共采购为服务采购。”

2. 对第一百零一条作出修改。

a）对第一款作出以下规定：

“（1）公共的货物供应、建筑工程及服务采购的招标以公开程序、非公开程序、商议程序或竞争性对话程序进行。在第一句所称的程序中也可以采用电子拍卖形式，在公开程序中也可以采用动态电子程序。”

b）在第四款后增加以下第五项和第六项：

“（5）竞争性对话是指由公共采购人对特别复杂的合同进行招标的程序。在该程序中要求公共采购人参与其中并随后和择定的企业就采购的所有细节进行协商。”

“（6）电子拍卖有利于在网上发布最具经济性的采购项目。动态电子程序是指为采购市场上一般具备的技术条件满足采购人要求的市场上常见服务所采用的时间受限、仅在网上进行的公开招标程序。”

c）将第五款修改为第七款并对其作出以下规定：

“（7）公共采购人应当采用公开程序，但本法规定可以采用其他程序的除外。

第九十八条第四项所称采购人可以自由选择采用公开程序、非公开程序以及商议程序。”

第二条

《招标条例》的修订

对于2003年2月11日（联邦法律公报第一卷第169页）公布，于2003年11月25日（联邦法律公报第一卷第2304页）对其中的第二百七十二条最新修订的《招标条例》作出以下修改。

1. 在第四条中增加以下第四款和第五款。

“（4）在应用第一款时应在承包人能够在完成采购任务时利用其他企业的能力的条件下应用《公共采购条例》A部分（VOL/A）第二节第七条第二项第一款。”

“（5）如果投标人或竞标人在启动招标程序前为采购人提供了咨询或其他帮助，采购人应当确保竞标不会因投标人或竞标人的参与有失公正。”

2. 对第六条作出以下修改。

a）原文修改为第一款。

b）增加以下第二款和第三款：

“（2）在应用第一款时在以下条件下适用《建筑工程招标和采购条例》A部分（VOB/A）第二节的规定：

①在采购人只有在采购招标时才能要求投标人必须接受实现采购的合规实施所需的特定法律形式的条件下，就一项采购向多个企业招标时适用VOB/A第二条第一项和第二十五条第二项。

②在承包人能够在完成采购任务时利用其他企业的能力的条件下应用VOB/A第八条第二项第一款和第二十五条第六项。

③在承包人转包建筑工程时只以《建筑工程招标和采购条例》B部分（VOB/B）的规定为基础的条件下适用VOB/A第十条第五项第三款。

（3）相应地，同样适用第四条第五款。”

3. 在第六条后增加以下第六a条。

第六a条

竞争性对话

（1）公共采购人可以在货物供应、服务或建筑工程采购的招标超过门槛值时采用竞争性对话程序，只要采购人客观上无法规定能够满足其需求和目标的技术手段或规定计划的法律或资金条件。

（2）公共采购人应当在全欧洲公布其需求和目标；这些要求在公告

或说明中阐述。

（3）应当和根据第二款进行公告后所择定的企业展开对话，其间公共采购人找出并确定如何能够最佳地满足其需求。在对话中采购人可以和所择定的企业就采购的所有细节进行商议。公共采购人应当保证在对话中平等地对待所有企业。尤其不能在转达信息时使个别企业受益。公共采购人不得未经企业同意将其解决建议或机密信息告知其他企业，而只能在招标程序中采用这些信息。

（4）公共采购人可以预先设定对话在以下几个连续的不同阶段进行，以根据公告或说明中所规定的中标标准减少在对话阶段中需要进行商议的解决方案的数量。第一句所述内容应当在公告或说明中作出规定。公共采购人应当告知所提出的解决方案未进入下一对话阶段的企业这一信息。

（5）公共采购人应当宣布对话结束，如果已经找到满足其需求的解决方案或明显无法找到解决方案。

公共采购人应当告知企业这一信息。在第一句第一项所述情况下，公共采购人应当要求企业在已提交且在对话中已进一步阐释过的解决方案的基础上呈递最终投标方案。方案中必须包含所有项目实施所必要的细节信息。公共采购人可以要求企业对方案进行细化、解释和补充。但细化、解释和补充不得造成对投标方案或招标的基本要素的更改，造成竞标有失公平或具有歧视性。

（6）公共采购人应当根据公告或说明中所确定的中标标准对投标方案进行评估并选出最具经济性的方案。公共采购人可以要求所提出的投标方案被确定为最具经济性的企业进一步阐释方案的个别细节或确认方案中所包含的承诺。但阐释或确认不得造成对投标方案或招标的关键方面的变更，造成竞标有失公平或参与该程序的其他企业被歧视。

（7）如果公共采购人要求参与竞争性对话的企业提交草案、计划、绘图、费用说明或其他资料，必须为所有及时提交了所要求的资料的企业报销适当的费用。

第三条

《远程公路建设私人融资法》的修订

对于 2003 年 1 月 20 日（联邦法律公报第一卷第 98 页）颁布的《远程公路建设私人融资法》作出如下修改。

1. 对第一条作出以下修改。

a）将第一款中的“在收费融资的基础上”修改为“在养路费融资的基础上”。

b）在以下第五款增加：

“（5）本法所称养路费是公法意义上的收费或私法意义上的酬金。”

2. 对第二条作出以下修改。

a）将第二条：

aa）第一句中的“授予对按照第三条为联邦远程公路的路段征收养路费的权限”修改为“授予建设、运营及维护按照第三条第一款第二句为联邦远程公路的路段所需的权限，尤其是第三款到第五款所称的征收养路费的权利和对交通指示牌及交通设施的运营。”

ab）在第三句后增加以下句子：“按照第二款到第四款，养路费是私人按照第五条第一款第一句在法律条例的基础上征收的收费或按照第六条第一款在许可的基础上征收的酬金。”

ac）删去第七句和第八句。

b）在第一款后增加以下项：

“（2）一旦确定了所涉及的联邦远程公路段交付的预计时间，主管的联邦州公路建设最高部门就应当要求私人向其提交一份声明，说明其将以收费还是酬金形式征收养路费。私人应当在要求送达的一个月内提交该声明。如果未及时提交声明，养路费将以收费形式征收。

（3）在养路费征收开始后，私人最迟可在一个计算周期结束的六个月前向主管的联邦州公路建设最高部门申请从下一个计算周期开始将养路费的征收形式从收费转为酬金或从酬金转为收费。

（4）只要以收费形式征收养路费，用户就不能针对私人发出的收费通告启动异议程序。收费通告的执行根据各州法律规定通过行政执行完成。”

c）将第二款至第四款修改为新的第五款至第七款。

d）将新的第五款第四句的“运营商”修改为“私人”。

3. 对第三条作出以下修改。

a）在第一款第一句第一项的“联邦公路”前增加“有车辆通行的”。

b）在第四款中增加以下句子：“私人可以在各个计算周期里确定其所投入自有资本的不同利息，只要整个特许经营权有效期的利息符合第一句和第二句规定的平均利息。”

c）将第五款第三句中的“按照第三a条的法律条例”修改为“按照第四条的法律条例以及按照第五条的法律条例或按照第六条的许可”。

4. 将原第三a条修改为以下第四条至第六条。

第四条

养路费测算和核算条例

联邦交通、建筑和住宅部被授权经和联邦财政部及联邦经济和劳动部协商一致并经联邦参议院同意，根据第三条第二款至第五款以法律条例的形式颁布有关养路费计算和养路费价格核算的进一步规定。

第五条

养路费条例

（1）州政府被授权通过法律条例在考虑第三条第二款至第五款以及第四条所称法律条例的前提下确定第三条第一款第二句所称法律条例中所确定的各个路段的养路费数额，只要：

①私人在第二条第二款第一句和第二句所述情形下声明了或在第二条第三款所述情形下申请了以收费形式征收养路费。

②出现了第二条第二款第三句所述情形。

州政府可以通过法律条例将这一授权转予联邦州公路建设最高部门。私人因得到订单可以提出制定第一句所称法律条例的要求。只要能考虑的成本还未最终确定，第一句所称法律条例中养路费的确定以私人项目核算后能考虑的已经证实的最新成本为基础进行；成本的证实通过必须能够实现快速准确评估的可验证成本清单进行。

（2）私人可以随时向州政府申请通过第一款第一句所称法律条例修改有关养路费数额的规定。私人有权要求制定法律条例，只要现行养路费数额规定所依据的事实发生了根本变化。涉及第一款第二句所称法律条例时应当向联邦州公路建设最高部门提出申请。

第六条

养路费许可

（1）如果私人在第二条第二款所述情形下声明了或在第二条第三款所述情形下申请了以酬金形式征收养路费，那么养路费数额须经主管的联邦州公路建设最高部门许可。

（2）可以颁发许可，当：

①第三条第一款第一句所称法律条例中的路段已确定。

②在计算养路费时遵守了第三条第二款至第五款所述标准以及第四条所称法律条例的标准。

相应地，以上同样适用第五条第一款第四句。

（3）私人可以随时向联邦州公路建设最高部门申请许可新的养路费。私人有权利提出颁发许可的要求，只要所许可的养路费所依据的事实发生了根本变化。

（4）在颁发许可前联邦州公路建设最高部门应当得到联邦交通、建设和住宅部的许可。

（5）如果私人提出撤回许可的申请，许可可以在不违反行政程序法律规定的前提下通过撤销和废止撤回。

5. 将原第四条至第六条修改为新的第七条至第九条。

6. 将新的第七条第二句和第三句中的“为了免除收费”修改为“为了免除养路费”。

7. 将新的第八条规定为：

“第八条　养路费的债务人

养路费的债务人，是指：

①决定车辆用途的人。

②驾驶车辆的人。

③车辆的所有人。

如果存在多个债务人，对共同债务承担连带责任。”

8. 对新的第九条作以下修改：

a）将第一款的“第三 a 条第二款第一句和第三句所称法律条例”修改为“第五条第一款第一所称法律条例或第六条第一款所称许可”。

b）第四项：

ba）“养路费的债务人”修改为“债务人”

bb）“根据第八条的标准”修改为“根据第十条的标准”。

9. 删去第七条。

10. 将原第八条至第十条修改为新的第十条至第十二条。

11. 在新的第十条第二款“为了”后增加“收缴养路费,”。

12. 对新的第十一条第一款作出以下修改：

a）对第一句第二项作出以下规定：

“2. 一旦确定用户已经按照第九条缴纳了养路费且未提出或未在规定期限内提出上诉，那么删除用户资料。”

b）对第二句和第三句作出以下规定：

“如果以收费形式征收养路费且私人在规定期限内就收费通告提出了上诉，那么应当最迟在该程序结束一个月后删除资料。如果用户未按照第九条缴纳养路费，那么私人应当最迟在生效或终审行政程序、行政司法程序、酬金托收司法程序或违法程序或处罚程序结束一个月后清除监控资料和程序资料。”

13. 对新的第十二条第一款作出以下修改：

a）第一项：

aa）“第六条第一款”规定修改为“第九条第一款”规定。

ab）将“第三 a 条第二款第一句所称法律条例”修改为“第五条第一款第一句所称法律条例或第六条第一款所称许可”。

b）将第二项的“第六条第三款第一句”规定修改为“第九条第三款第一句”规定。

c）将第三项的“第九条第一款或第二款”规定修改为“第十一条第一款或第二款”规定。

14. 在第十二条后增加以下第十三条：

“第十三条　暂行规定

（1）在第二款的条件下应当继续使用以第三 a 条第二款为基础，和第三条第二款至第五款相联系的直到……（该修订法颁布当天）有效的法律条例。

（2）以第三 a 条第二款为基础，和第三条第二款至第五款相联系的直到……（该修订法颁布当天）有效的法律条例自：

①以第五条第一款为基础颁布的有关收费数额的法律条例生效当天；

②按照第六条第一款颁发的酬金数额许可生效当天起不应再被应用。主管的联邦州公路建设最高部门应当在联邦司法部公报中公布第一句所称的最终日期。

（3）联邦交通、建设和住宅部被授权不经联邦参议院的同意通过法律条例废止以第三 a 条第二款为基础和第三条第二款至第五款相联系的直到……（该修正法颁布当天）有效的，按照第二款第一句不应再被应用的法律条例。”

15. 将原第十一条修改为新的第十四条。

第四条

《联邦预算条例》的修订

对于 1969 年 8 月 19 日（联邦法律公报第一卷第 1284 页）公布，于 1999 年 6 月 17 日（联邦法律公报第一卷第 1334 页）对其中的第三条最新修订的《联邦预算条例》作出以下修改。

1. 在第七条第二款第一句后增加以下句子。

“同时也应当考虑和措施相联系的风险分配。”

2. 对第六十三条作出以下修改。

a）在第二款中增加以下句子：

“为履行联邦的任务仍然需要的不动产可以转让用于长期自用，如果可以证明能够通过这一方式更具经济性地履行联邦的任务。”

b）在第三款中增加以下句子：

“如果价值低或存在紧迫的联邦利益，联邦财政部可以允许有例外情况。”

c）删去第四款。

d）将原第五款修改为第四款并作出以下规定：

“（4）相应地，第二款和第三款适用于资产使用的转让。”

第五条

《地产购置税法》的修订

对于 1997 年 2 月 26 日（联邦法律公报第一卷第 418、1804 页）公布，于 2004 年 12 月 9 日（联邦法律公报第一卷第 3310 页）对其中的第十八条最新修订的《地产购置税法》作出以下修改。

1. 将标题定为：“地产购置税法（GrEStG）”。

2. 将第四条第八项最后的一个句号修改为分号并增加以下第九项。

“9. 如果地产在公私合作制框架中被用于公共服务或用于地产购置税法第三条第二款所规定的用途且购买者和公法上的法人之间就合同到期时地产的回购达成了协议，那么公法上的法人购置且回购地产。如果公法上的法人放弃地产的回购或地产不再被用于公共服务或用途，那么免税取消，效力溯及既往。”

3. 将第十九条第二款第四项的最后一个句号修改为分号并增加以下第五项。

“5. 如果第四条第九项所称地产购置免除了税收，那么改变用途或放弃回购。”

第六条

《土地税法》的修订

对于1973年8月7日（联邦法律公报第一卷第965页）公布，于2000年12月19日（联邦法律公报第一卷第1790页）对其中的第二十一条作出最新修订的《土地税法》的第三条第一款第二句后增加以下句子。

“如果公私合作制中不受益的权利人的地产被转让给公法上的法人用于公共服务或用途且双方就合同到期时将地产转让给使用者达成协议，那么第二句失效。”

第七条

《投资法》的修订

对于2003年12月15日（联邦法律公报第一卷第2676页）公布，于2004年12月4日（联邦法律公报第一卷第3166页）对其中的第八条第八款最新修订的《投资法》作出以下修改。

1. 对第二条作出以下修改。

a）将第四款第九项的句号修改为逗号并在其后增加以下第十项：

“10. 如果能够计算出投资参股的现行市价，对第六十六条所规定的国内投资资产以及第九十六条第二款所规定的拥有固定资本的投资股份公司作为其他资产在基础设施项目建设或翻新结束后在运营商阶段参股公私合作制的项目公司，”

b）在第五款的“第二条第四款第一项至第四项和第七项至第九项”规定后增加“或第二项、第四项和第十项”。

c）在第十三款后增加以下第十四款：

“（14）公私合作制的项目公司是在公私合作制框架中运营的以建设和运营设施为法定目的所建立的履行公共任务的公司。”

2. 对第六十七条作出以下修改。

a）将第一款第四项的句号修改为分号并在其后增加以下第五项：

“5. 如果在购买股份时的价值连同参股公私合作制的项目公司时专项资金中所存在的股份价值不超过专项资金价值的百分之十，那么在运营商阶段参股公私合作制的项目公司，”

b）在第二款中增加以下第三句：

“如果在采购时用益物权的费用连同专项基金中所存在的用益物权的价值不超过专项资金价值的百分之十，资本投资公司可以在第一句的前提下为计算不动产专项基金获得第一款第一项所规定的用于履行公共任务的地产的用益物权。”

3. 对第九十六条第二款作出以下修改。

a）在第二句的“投资股份公司”前增加“拥有流动资产的”。

b）增加以下第三句至第五句：

“拥有固定资产的投资股份公司的法定企业经营范围必须是按照第二条第四款第二项、第四项和第十项所规定的资产中的风险混合原则以使股份持有人获得企业资产管理所得利润分成为唯一目的对其资本的建设和管理。拥有固定资产的投资股份公司可以在同一公司的第二条第四款第十项所称资产中仅投入百分之十的经核算的最新总资产，不包括所接受的贷款和其他负债。拥有固定资产的投资股份公司还可以在银行存款和商业票据中投入最多达百分之四十九的经核算的最新总资产，不包括所接受的贷款和其他负债。”

4. 在第九十七条第一款第二句第四项“第九十六条第二款第二句”规定后增加“或第三句”规定。

5. 在第九十九条第三款“投资股份公司的活动”前增加“拥有流动资产的”，在“第一百一十二条至一百二十条”后增加“涉及拥有固定资产的投资股份公司的活动时第二十条至第二十九条、第六条第三款和第四款、第九条、第十条、第十六条、第三十六条以及第三十七条第二款和第三款、第四十一条、第四十三条、第四十八条、第四十九条、第五十三条以及第九十一条至第九十五条”，在“只要根据”后增加“第九十六条第二款第三句至第五句或根据”规定。

6. 在第一百三十六条第三款“在一个按照该法拥有固定资产的投资股份公司中以相似的形式所建立”后增加一个逗号，在其后增加“其投资规定不同于第九十六条第二款第三句，按照适用于拥有流动资产的投资股份公司的规定预先规定了投资和管理，”。

第八条

回复到统一的命令位阶

《招标条例》中以第二条为基础的部分可能因《反对限制竞争法》的授权通过法律条例被修改。

第九条

重新公布

联邦交通、建设和住宅部可以在联邦法律公报中重新公布自该法生效起适用的《远程公路建设私人融资法》的法律条文。

第十条

生效

该法自公布之日起生效。

柏林，2005 年 6 月 14 日

7 德国政府支持创新研发的制度与实践

7.1 德国的科研体系

德国是世界上第四大研发投资国家，低于美国、中国和日本，2018 年比第五名韩国每年的研发支出多 32%。德国制造业发达，在过去十几年里，其制造业的就业率一直稳定在较高水平，即使在国际金融危机中也未受到太大的冲击，这主要归功于德国的创新体系和优良的创新传统。

德国拥有一整套结构完善、分工明确、协调一致的科研体系。德国科研和开发主要依靠三大支柱，即企业、大学和独立科研机构。联邦教研部作为国家科研的管理机构，利用制定政策法规以及管理科研经费的手段担负着国家科研和技术进步的宏观调控职能；企业根据市场的需求和生存竞争的需要成为高新技术研发的主力军；大学和独立科研机构则构成了德国基础研究和前沿科学研究的主要基地。

7.1.1 科研管理机构

德国基本法规定了德国科技发展政策的基本原则是“科学自由，科研自治，国家干预为辅，联邦分权管理”。

1. 联邦教研部

联邦德国于 1994 年把原有的联邦研究与技术部、教育与科学部合并，简称联邦教研部，它是德国最重要的科技主管部门。负责协调全德国的科研工作，它的主要职能是制定科学研究政策、控制政府科研经费、编制全国性的科研规划并促成实施。同时，还负责协调监督联邦政府各部之间以及联邦政府与州政府之间的科研政策和科研活动。联邦教研部管理联邦政府约 70% 的研究与开发经费。这些经费一部分作为向国家非营利科研机构提供的事业费，一部分作为资助科研项目经费使用。但联邦教研部无权向科研机构直接下达科研任务，只能用财政资助的办法推动其科研规划的实施。联邦教研部每四年提出一份科研形势报告，向联邦议院和联邦政府说明德国科研的重点和目标，并依此制订科研计划。

此外，德国其他政府部门也可给予德国国内与自己部门相关的一些前沿科研项目以资助，比如联邦德国经济与技术合作部、环保部、卫生部等。

2. 各州教育部

德国各州均设有教育部，这是州最高教育行政机关和最高教育检查及监督机关，代表国家行使对高等教育的管理和检查职能，全面负责一个州的高等教育规划、组织、管理、督导工作。各州教育部主要负责促进高校科研，对高校的科研项目进行资助等。

3. 德意志研究联合会

德意志研究联合会（DFG）的前身是 1920 年成立的德意志科学救援联合会，1949 年 1 月重建，1951 年 8 月与其他研究会合并后使用现名。德意志研究联合会的主要任务是进行科研项目的审批、资助大学和公共研究机构的科研工作，由于它是大学高校科研中最大的第三方资助者，所以其成为基础研究领域最重要的资助机构。

德意志研究联合会的经费几乎全部来自国家（占总经费的 97%），联邦及州政府出资比例为 6∶4。此外，DFG 还有私人捐赠资金可供支配。DFG 每年资助近 2 万项科学计划，资助金额占总预算的 97% 左右。在所有资助项目中，DFG 都是根据学者提出的项目申请研究是否提供经费。DFG 不发放委托研究项目，项目负责人为所申请的项目以及以后的执行情况承担所有责任。

4. 德国科学联席会

德国科学联席会成立于 2007 年 6 月，其前身是德国联邦、州教育规划与科学研究促进委员会。它的主要任务是协调联邦和各州的科研政策规划和决策，并制定科研中期规划，也制定科研方面的重点措施，并向联邦总理和各州州长就框架协议签约方共同资助的科研机构、科研服务机构、科研资助机构和科研计划的年度资助需求提出审批建议。联席会的会员主要包括与科技研发以及财政政策相关的联邦及各州政府的部长以及议会的议长等。

5. 德国科学顾问委员会

德国科学顾问委员会成立于 1957 年 9 月，是欧洲成立最早的科学政策咨询机构。其由联邦政府和州政府共同支持和承担费用，是联邦政府与州政府主要评估机构和独立的科学咨询与科研政策机构，主要职能是为德国的科学研究工作提供包括组织结构、工作效率、管理能力、财政状况等在内的一系列整体评估，向联邦和各州政府就科学研究资助和高等学校基本建设和发展等问题提出建议。该委员会由联邦和各州各提供一半经费。委员会的成员主要来自科技界和政府，由联邦政府任命派遣。

7.1.2 科研执行机构

德国科技体制一个十分突出的特点就是它完整的科研体系结构，而且各机构分工明确，研究力量配置合理，机构配备齐全，正是这一高效运转的研发体系促进了德国科学技术和国民经济的迅猛发展。

德国研发体系主要包括高等院校、高等院校以外属于国家和由国家资助的独立科学研究与技术开发机构以及企业的科学研究与技术开发机构。企业根据市场的需求和生存竞争的需要成为高新技术研发的主力军；高等院校和独立科研机构则构成了德国基础研究和前沿科学研究的主要基地。

1. 政府科研机构

政府科研机构包括联邦政府各部近40多个科研院所，主要负责在各自业务范围内从事公益性基础研究，制定相应规则和标准，同时兼做技术鉴定和检验，向政府提供科技咨询。这类研究机构的经费由主管部门拨款，也可以参与联邦教研部的科研计划，取得财政资助。

2. 高等院校

德国高等院校的科学研究工作一直以来开展得都比较成功，多年来从事与应用研究有密切联系的基础研究，着眼于新动向和新学科的研究，一般不搞大型和具体应用的研究课题，很少参与全国性国家科学研究任务。工业部门委托的项目中，高等院校能承担10%，高等院校经费中的大约40%用于科学研究。由各州政府提供的经费只能满足高等院校科学研究所需费用的70%，额外30%则由德意志研究联合会、各种公益性科学基金会以及联邦政府和企业提供。

3. 独立科研机构

在德国，独立科研机构是属于官办性质的非营利性科研机构，是德国最重要的基础科研力量，是国家长期战略性重点基础研究项目的主要承担者，比如赫尔姆霍尔茨国家研究中心联合会（HFG）、马普学会（MPG）、莱布尼茨科学联合会（WGL）等。这类研究机构的经费绝大多数来自联邦和州政府的财政拨款，但法律上这类机构都独立于政府，以“责任有限公司”“基金会”或“注册社会团体”形式出现，实行自主管理。另外，这些研究机构也接受来自企业界或者个人的捐助。政府通过年度工作报告对非营利科研机构进行监督，并通过评估委员会定期对研究所和研究项目进行评估。

以赫尔姆霍尔茨国家研究中心联合会为例。赫尔姆霍尔茨国家研究中心联合会是德国最大的科研组织，由15个独立的大科学中心合并组成，重点从事综合性跨学科战略性的基础研究工作，为重点大科学工程类研究。经费来源主要有两类：第一，政府预算拨款，联邦政府拨款占总经费的63%，州政府拨款占7%；第二，来源是第三渠道合同资金，约占总经费的30%，主要包括竞争获取的工业界出资人项目经费、公共出资单位项目经费（科研促进机构项目、联邦和各州部委项目、欧盟项目和行业学会项目）等。

2003年起，赫尔姆霍尔茨国家研究中心联合会由过去政府直接对各中心拨款的方式转变为以任务为中心、以项目竞争方式争取经费，即根据联邦教研部制订的大计划及研究领域，联合会组织各研究中心围绕本系统几大领域提出科研项目建议，包括专业项目和科学基础设施项目两类。联合会组织国际专家进行项目评估，形成评估报告及对各中心课题及分课题的排名和预算。理事会委员会审议评估报告，对各项目进行权衡并提出建议后，向联邦教研部提出科研项目申请，联邦教研部向各研究中心发出科研项目资助通知，并将审批后经费总额拨付到联合会总部。联合会内部经费配置包括总部——研究中心——研究所3个层面。

总部自2001年成为机构法人后，将过去各中心直接获取政府科技及事业经费的模式改为联合会总部负责，同时总部全面负责联合会科技战略及科研布局，并根据对研究所的评估结果调配和落实科研经费，监督引导各研究中心有效使用科研经费。研究中心经费申请以科研活动全成本为基础，各研究中心提交的项目经费申请需由科学鉴定委员会进行专家评估，经总部决策后，确定各研究中心拨款总额，经费以5年为期，一旦经费核定，就具有法律效力。总部将全部经费的80%用于公开和通过评估的科研项目，保留20%作为总部的机动费，用于招聘人才和发展新研究领域。各研究中心根据拨款总额，还要在研究中心内部进行再分配。以卡尔斯鲁尔研究中心为例，经费再分配先由董事会根据财务部门建议确定框架数据，由科学技术委员会讨论通过后，再由财务部门分配基本经费，人事和财务部门共同分配人员经费，科学技术委员会分配研发经费和中央管理经费。

目前，赫尔姆霍尔茨国家研究中心联合会的政府拨款经费到各所分解为项目费，实际是对每个研究中心和研究所进行固定拨款。总部对各研究中心每3年评估一次，根据评估结果增减经费。国家保证每年增加联合会3%的科研经费，由总部根据研究所绩效灵活分配，通过经费配置手段促进研究所优胜劣汰。各研究中心经费使用基本原则是不能超支，研究所所长负责控制成本，各机构可以自行决策资金用途，自由地使用人员经费和事业费，政府拨款科研经费原则上是专款专用，但允许科研机构在一定范围内自行调整。

4. 企业研究机构

企业是德国研发的最大资助者。近年来，企业研发支出占比逐年增加，现如今，德国国内研发支出的2/3来自企业。由于行业的性质不同，企业的研发机构数量比例也有所不同，工业技术的研究机构相对较多，而从事技术服务的研究机构相对较少。

德国企业在近年来越来越多地与科研单位合作进行研发。与企业合作最多的就是德国的应用科学类大学和工业类大学。合作的形式包括项目合作、资助高校实验室或者合作建立研究中心等。德国联邦政府还设立了专门用来资助应用科学大学与企业合作科研的项目，并且以企业的参与为申请前提。

在化学工业、医药工业、机械工程工业以及测量技术和控制技术行业中的企业在进行研发活动上的积极性更高，从事研发活动的企业约占该行业企业总数的50%以上。这些企业的技术研发机构占整个企业研发机构的3/4，是产品技术研究与开发的主体，对产品的国际竞争力起着决定性的作用。

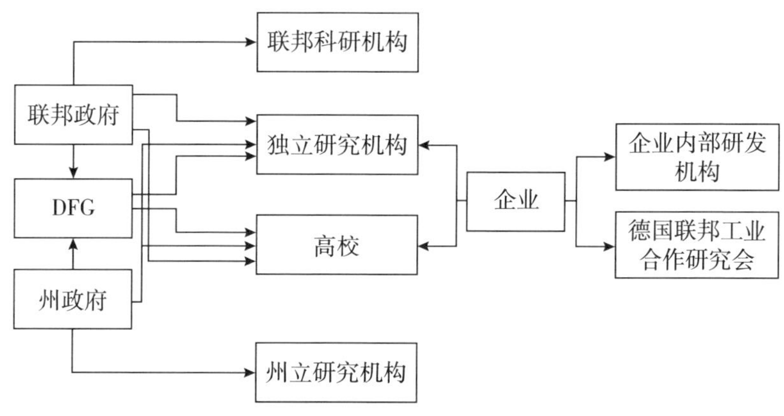

图7－1　德国科研系统各机构经费来源

如图7－1所示，规模较大的科学机构如德意志研究联合会、赫尔姆霍尔茨国家研究中心联合会、马普学会、弗劳恩霍夫应用研究促进协会以及莱布尼茨科学联合会都通过联邦政府和各联邦州共同拨款资助。

德国高等院校的基本经费由各州政府负责，但是高校的科研项目通常由DFG资助。有些项目直接由联邦政府资助。

各州的研发机构的基础设施是由各州政府拨款资助，同时它们也可通过单项申请而获得联邦政府的资助。联邦政府及其职能部门也拥有自己的研发机构。

对于德国高校和非营利性科研机构来说，德国企业是科研项目的重要合作伙伴，企业界会对这些研究机构进行资金的赞助。此外，企业界还拨款资助其下属的研究实验室。这些企业的研究实验室同样能够通过一些项目获得联邦政府的补助。根据联邦教育研究部的规定，联邦教育研究部资助的研究开发项目成果，仍留在受资助企业，受资助方对科研成果拥有独占使用权，但这种独占权导致受资助方的垄断地位时例外。

德国的《雇员发明法》保障了雇员从自己发明成果中得到经济回报的权利，从而对雇员进行技术创新起到了重要的鼓励作用。该法规定，在雇员向雇主报告了自己的发明之后，雇主须在规定的期限内书面通知雇员，是否使用该项发明。若雇主声明使用该项发明，就有义务申报专利，并承担全部费用。同时雇员拥有向雇主要求报酬的权利。关于报酬的计算，法律规定要按照发明商业利用的可能性，而不是实际实现的商业利用为基础计算。

德国联邦工业合作研究会是德国的科研资助体系中的一员，它由中小型企业协会组成，经费主要来自企业，但也会得到联邦政府的项目资助。

5. 德国科学赞助者联合会

德国科学与研究经费的另一个来源是民间科研基金会组织。目前有约350家德国科研基金会由德国科学赞助者联合会管理。科学基金联合会管理着各成员的共约14亿欧元的资产。这些经费主要投入科学与教育领域。

大众汽车基金会创建于1962年，是德国科学领域内财政实力最强大的基金组织。其拥有约24亿欧元的总资产。该基金会的运作资金来自社会和企业界的赠款，另外，德国下萨克森州所持的大众公司的股票分红也捐给该基金会使用。大众汽车基金会自成立以来，一直致力于资助各学科领域的科研活动，特别重视前瞻性技术领域的研究，每年在这方面投入约1亿欧元的经费。截至2009年，大众汽车基金会总共投入超过33亿欧元，使28400多个项目从中受益。大众汽车基金会的资助工作的重点是资助青年科学家和资助科研人员进行跨地区和跨学科的研究合作。此外，大众基金会通过资助手段，努力改善德国的教育与科研体系的基础环境。

表 7－1　德国科研体系一览①

德国主要科研机构	德国高校
	马普学会
	赫尔姆霍尔茨国家研究中心联合会
	弗劳恩霍夫应用研究促进协会
	莱布尼茨科学联合会
	德国联邦和各州研究机构
	德国国家科学与工程研究院
德国公共科学资助机构	德国科学基金会
	德意志学术交流中心
	德国洪堡基金会
	德国民众奖学金基金会
	德国联邦教研部
	德国环境部
	德国联邦经济和技术部
	德国科学联席会
德国民间科学研究	德国企业界的科研活动及其科研投入
	德国联邦工业合作研究会
德国民间科研资助机构	德国科学捐助者协会
	大众汽车基金会
	罗伯特·博世基金会
	弗里茨－蒂森科学基金会
	克虏伯基金会
欧洲科研资助机构	欧盟委员会
	欧洲研究理事会
	欧洲科学基金会

资料来源：作者根据相关资料整理。

① http：//www. sinogermanscience. org. cn/index. php? option = com _ content&view = article&id = 122&Itemid = 40&lang = zh.

7.2 德国政府支持创新研发的实践

7.2.1 德国科研经费支出情况

2010 年 7 月，德国联邦政府发布了《高科技战略 2020：创意——创新——增长》。该战略由德国联邦教研部编制，为德国未来 15 年科技研发规划了新的发展路线，提出到 2015 年将教育和研发经费的总和提高到其国内生产总值的 10%，其中研发经费要达到国内生产总值的 3%。该战略以统一的思路集成了德国联邦政府各部门的研究创新政策，并为不同研究领域制订了发展目标、明确了优先主题、引入了支持工具。战略设定了未来五大需求领域，即气候与能源、营养与健康、移动交通、安全和通信。德国联邦政府认为上述五个领域所面临的问题与挑战是全球性的，对人类社会发展将具有决定性作用。该战略还为每个需求领域制定了未来项目。

在此战略指引下，德国 2015 年研发投入占国内生产总值的约 3%，远高于欧盟当年的平均水平 2.03%。德国计划将这一比例维持到 2020 年，并在 2025 年实现占比 3.5%。近年来，德国提出了工业 4.0 计划，明确指出未来技术的创新和进步必然推动工业发展进入智能化阶段。工业 4.0 的核心技术是信息—物理融合系统，这一系统被看作物联网、数据网络和服务网络的技术基础。为实现工业 4.0 计划，德国实行了双元战略：一是继续贯彻将 IT 技术与传统生产技术深度结合的路径，保持德国装备制造业全球领先的地位；二是对信息—物理融合系统进行市场化开拓。

2013 年，德国政府又提出了七大“领导市场”的概念，即机械制造与生产技术、新材料、交通与物流、信息与通信经济、能源与环境经济、媒体与创意经济及健康经济与医疗技术，强调政府的高科技战略与市场需求的紧密联系。为了加大对创新企业的扶持力度，2017 年 7 月，德国政府宣布在未来 10 年为成长中的高科技企业提供 20 亿欧元的投资，以保持科技创新能力。

从研发支出占国民生产总值的比重来看，德国在研发支出上明显高于欧盟平均值和其他几个欧盟重要国家，2016—2018 年国内研发支出占国民生产总值的百分比分别为 2.94%、3.07% 和 3.13%，并且呈现逐年上升趋势。

德国是联邦制政体，根据德国《基本法》，教育和研究首先是州政府的任务。因此，德国的基础研究主要是由州政府来资助和实施的，但是对于那些

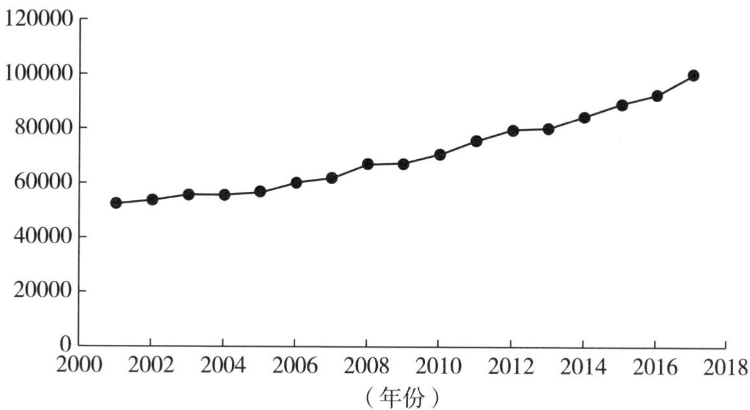

图7－2　德国科研经费支出发展趋势（单位：百万欧元）

资料来源：德国联邦统计局网站。

具有跨地区意义的基础研究中涉及的重大设备和研究计划，联邦和州将共同资助。2017 年在研发领域支出最多的三个州依次是北莱茵－威斯特法伦州、巴伐利亚州和巴登－符腾堡州，占全国研发总支出的比例分别为 28.04%、18.79% 和 4.78%。

从国内研发支出部门（按公共部门、企业、高校划分）看，企业是德国国内研发经费支出的主体，2017 年，联邦德国总的研发支出为 995.54 亿欧元，比 2016 年增长了 8.01%，其中企业研发支出占 69.1%，公共部门和高校支出分别占 13.54% 和 17.35%。

表7－2　2007—2017 年分领域德国科研支出情况　（单位：百万欧元）

年份	公共部门支出	高校支出	企业支出	全国研发支出总额
2007	8540	9927	43034	61501
2008	9346	11175	46073	66594
2009	9932	11871	45275	67078
2010	10354	12731	46929	70014
2011	10974	13518	51077	75569
2012	11341	13980	53790	79110
2013	11862	14302	53566	79729
2014	12320	14931	56996	84247

（续表）

年份	公共部门支出	高校支出	企业支出	全国研发支出总额
2015	12486	15344	60952	88782
2016	12721	16627	62826	92174
2017	13484	17282	68787	99554

资料来源：德国联邦统计局网站。

7.2.2 德国《高科技战略2025》

德国是世界领先的制造和出口大国，高效的创新体系对保持强大的国际竞争力至关重要。为此，德国出台国家科技发展战略，鼓励以企业为主体的合作创新，同时营造良好的创新环境，以确保其创新强国地位。

2006年8月，德国推出了第一个涵盖所有政策范围的德国《高科技战略》，在选定的17个技术领域，形成了具体的创新战略和行动规划。4年之后，德国推出了《高科技战略2020：创意——创新——增长》，确定了五大领域的关键技术和十大未来项目。为落实上述战略，德国政府实施了一系列项目研究计划，开展尖端集群竞赛、组建创新联盟，希望依靠研究和新技术扩大创新，目标明确地激发国家在科学和经济上的巨大潜力。

2018年9月5日，德国联邦政府出台《高科技战略2025》，新的高科技战略报告设立了三大战略目标：一是满足人类不断变化的需求，内容涵盖健康和护理、可持续发展及气候保护和能源、交通工具、城市和乡村、安全保障、经济与工作4.0六大重点领域。二是为下一次新技术革命做好技术准备，保护德国的工作岗位，确保经济繁荣。通过新技术的推广促进职业教育和职业技能培训的投资，随时准备应对即将到来的新技术革命。三是鼓励欧洲科技创新领域的合作，并为之提供资金支持。到2025年，德国计划实现科研支出占比国民生产总值3.5%的目标。

《高科技战略2025》主要内容包括以下12点：①抗击癌症。联合科、产、学、研，致力于延长癌症患者的生存期，提高其生活质量，减少癌症发病率，加强癌症研究，扩大癌症预防，做到早发现、早诊断、早治疗。通过加大临床研究，开发新的预防及治疗手段。②智能诊治。发展数字化卫生系统，利用数字化技术进行智能诊治。到2025年，德国所有大学附属医院全部实现患者电子档案管理。同时重视患者数据保护。③显著降低塑料对环境的危害。

到2025年，实现以生物基础材料为原料的塑料可循环生产。通过可回收设计、提高材料利用率、广泛使用收集分类系统、提高塑料垃圾回收率等措施，有效降低塑料对环境的危害。同时，积极和世界其他国家及地区共同抵御塑料垃圾。④减少工业温室气体排放。继续采取有效措施，减少工业温室气体排放，以达到相对于1990年减少80%~95%二氧化碳排放量的目标。同时加强德国企业世界竞争力，创造就业机会，保证就业率。⑤循环及可持续发展的经济体系。到2030年，总资源生产率相对于2010年提高30%。以数字化经营模式为基础，实现传统线型经济发展到资源可循环利用型经济的转换。⑥保护生物多样性。通过科研成果，提高并刷新人类对生物多样性意义和价值的认识。利用创新的工具和指标，更准确地评估生物多样性损失。加强政府和社会干预，避免更多的生物多样性损失。尤其在阻断昆虫类消失方面做出努力。⑦加强电池制造。为保证自主知识产权及完善电池产业链，支持在德国建造具有一定产量的电池制造基地。政府将继续推进电池研发，并对企业提供适当支持。⑧安全、互联和清洁的交通网络。移动产业处于变革时期，出现了自动驾驶和智能网联等新型移动技术和与之配套的新型服务及基础设施需求。研究及发展移动产业时须考虑到以下因素：个性化、多样化、数字化以及气候和环境保护。在清洁空气项目框架下鼓励投资充电桩设施。⑨提高生活质量和就业水平。经济结构和人口变化造成地区和社会发展不均。气候变化导致的生态风险进一步加剧了不均衡发展。因此，联邦政府致力于消除不平衡发展。数字技术的发展目标应包括提振经济结构薄弱地区的就业及生活吸引力。采取新的支持措施，主动进行以创新为基础的可持续性发展，同时保障公平社会的结构型改革。到2025年，创新将成为经济增长、完善就业和提高生活水平的最强驱动力。⑩以人为本的技术发展。利用技术和经济革新造福于人民的健康生活及男女平等。将推出就业保护4.0项目，采取支持措施保障数字化就业的安全和健康。⑪人工智能的具体应用。储备人工智能专业力量，加大各领域人工智能的应用，利用人工智能型商业模式及人工智能产品激发新一轮创业动力。大力发展以欧洲标准为基础的人工智能，做到以人为本，保护公民的数据主权。⑫拓宽渠道，共享最新科技理念和前沿知识。联合科学、经济和社会各界，研究通过公开渠道共享最新科技、数据和创新成果的方式方法。显著提高科研成果公开率，支持企业和科研机构开展新型合作，使企业便捷地获取最新科研成果。通过互联互通快速将科研和创意转化为生产力。

7.2.3 支持创新研发的项目

1. 中小企业创新核心项目

促进中小企业创新是《高科技战略2025》的一个重点项目。中小企业创新核心项目（ZIM）于2008年7月启动，由以往多个促进项目整合而来，为中小企业间和企业与科研机构间合作开展科研创新项目提供资助，科研内容不受技术领域限制。

ZIM项目下根据促进对象分为三种模式：ZIM－KOOP，针对雇员数少于250人的中小企业间及企业与科研机构间的合作项目，参与合作项目的企业和科研机构均可获得资助；ZIM－SOLO，旨在促进较落后的德国东部地区中小企业和个体经营者的研发活动，补贴对象是东部新联邦州雇员数少于250人的中小企业和个体经营者，补贴比例最高为其研发投入的45%，最高单笔补贴可达35万欧元，此外，企业如接受专业机构的创新辅导，还可申请额外的促进资金；ZIM－NEMO，鼓励多个企业就某一市场或研究领域进行合作，资助对象是至少有6家企业参与的研发企业集群网络，资助范围是网络的管理和组织成本，科研经费由参与企业自行承担。

除ZIM项目外，德国政府还不定期推出其他一些鼓励中小企业研发的措施，如中小企业创新项目（KMU－innovativ）、研发津贴和促进创新管理项目。

中小企业创新项目于2007年设立，针对生物、信息与通信、纳米、光学、生产工艺、节能降耗、公共安全等科研领域，中小企业可按规定格式向联邦教研部递交不超过10页的科研创意草案。教研部每年两次对应征创意进行集中筛选。如创意得到肯定，申请人可在网上正式申请项目科研补贴。得到批准后，企业则可开始着手实施，并根据科研进展分阶段得到补贴款，在项目完成后，企业需向教研部提交科研成果报告。

2. EXIST项目

为鼓励高校毕业生及科研机构创业，德国经济部启动了EXIST项目（部分项目资金来自欧盟），通过高校为创业毕业生提供支持，营造高校和科研机构的积极创业氛围。

EXIST包含三项内容：一是支持高校和公立科研机构开展企业文化宣传活动；二是创业者奖学金，对来自高校或科研机构的3人以内的创业团队，在创业的第一年给予生活补助并提供最基本的启动资金，但创立的企业必须是科研企业；三是促进科研成果转化，对高校或科研机构的科研小组的创业计划进行最长3年的资助，包括项目前期可行性研究和公司的筹备，条件是创业计划前景好，但所从事的研究具有高投入和高风险性。

3. 德国复兴信贷银行创新贷款

为减轻企业在进行创新融资时的抵押担保负担，也减少商业银行的投资风险，德国政府委托德国复兴信贷银行为企业的创新计划和产品推广提供长期低息贷款（ERP），主要受益的是中小企业。ERP贷款由两部分组成：一部分是普通商业贷款，需要担保，但前两年可暂缓支付利息；另一部分是免担保贷款，前7年可暂缓支付利息。企业可由此获得更加充裕的资金，提高资金流动性和增加自有资本率。

同时，德国政府也鼓励其他银行和投资商在为科技企业融资时，充分考虑其非物质资本，并且努力发展完善非物质资本评估体系。

4. 创新联盟与战略伙伴项目

该项目是高科技战略下促进研究与创新的又一举措。所谓的创新联盟或战略伙伴，就是以某一应用领域或未来市场为重点，在企业间和科研机构间进行的联合。德国政府希望借助这一项目以较少的国家投入撬动数倍的企业界研发投资，充分发挥经济学的杠杆原理，目标是国家每投入1欧元，拉动经济界投入5欧元。在联邦教研部的支持下，2007年德国成立了6个创新联盟，2008年又成立了3个，国家投入约6亿欧元，经济界投入超过30亿欧元。例如，2007年11月成立的“锂离子电池2015计划”就是由巴斯夫、博世、赢创、大众等大公司联合组成的创新联盟，它们承诺几年内投入3.6亿欧元研发锂电池，联邦教研部也相应承诺投入6000万欧元。

7.3 小结

德国把科学技术视为强国之本。十几年来，相继出台了《高科技战略》《高科技战略2025》等，系统提出国家高科技发展战略，目的是确保未来的竞争力和技术领先地位，使高科技创造更多的就业机会，提高人民生活水平。

从德国科技政策的发展来看，德国非常注重政府的指导作用，把握好了一个度的问题。一方面，德国政府统一后就直接控制了科研领导权，从联邦到地方建立起一套科学研究体制。科研机构直属于国家，国家对科研机构进行指导和监督，下达科研任务。并且关心科研动态，创办了许多学术期刊，定期进行学术交流。另一方面，积极创造自由的学术氛围，比如，作为科学自治的马普协会在确定研究方向和项目上完全不受政府干预。

在欧债危机的影响下，德国政府实施了一系列缩减开支计划，但是对科研事业的支持力度却从未减小。在其他领域纷纷缩减开支的情况下，德国联邦教研部的预算却呈现逐年增加的态势。德国政府将教育和科研视为对未来的投资，享有优先权。

此外，德国早在 1873 年，就开始注重科研与生产的密切结合。例如，当煤焦油成为工业隐患时，德国立刻在柏林大学成立了煤焦油研究中心，集中最优秀的科学家和工程师，解决了这一问题。据统计，德国科技进步贡献率已高达 70% 以上。

参考文献

[1]（美）华莱士·E. 奥茨. 财政联邦主义[M]. 陆符嘉，译. 江苏：译林出版社，2012.

[2] 顾俊礼，刘立群. 迈入21世纪的德国与中国[M]. 北京：社会科学文献出版社，2000.

[3]（德）柯武刚，史漫飞. 制度经济学：社会秩序与公共政策[M]. 北京：商务印书馆，2000.

[4] 全球治理委员会. 我们的全球伙伴关系[R]. 香港：牛津大学出版社，1995：23.

[5] 刘尚希. 公共风险论[M]. 北京：人民出版社，2018.

[6] 刘尚希，等. 大国财政[M]. 北京：人民出版社，2016.

[7] 吕旺实. 公共财政制度[M]. 北京：中国财政经济出版社，2002.

[8] 马洪范. 现代财政制度："四化一知"的国家选择 [M]. 北京：经济科学出版社，2015.

[9]（美）安瓦·沙. 联邦制全球对话第Ⅳ卷：践行财政"联邦制"[M]. 贾康，等译. 北京：科学出版社，2015.

[10] 王绍光，马骏. 走向"预算国家"——财政转型与国家建设[J]. 公共行政评论，2008（1）：6-42+203.

[11] 杨志勇. 现代财政制度探索：国家治理视角下的中国财税改革[M]. 广州：广东经济出版社，2015.

[12] 叶青. 德国财政税收制度研究[M]. 北京：中国劳动社会保障出版社，2000.

[13] 叶振鹏，张馨. 公共财政论[M]. 北京：经济科学出版社，1999.

[14] 叶振鹏. 中国历代财政改革研究[M]. 北京：中国财政经济出版社，1999.

[15] 殷桐生. 德国经济通论[M]. 北京：社会科学文献出版社，2017.
[16] 俞可平. 论国家治理现代化[M]. 北京：社会科学文献出版社，2014.
[17] 朱秋霞. 德国财政制度（修订本）[M]. 北京：中国财政经济出版社，2005.
[18] 韩凤芹，于雯杰. 德国“工匠精神”培养及对我国启示——基于职业教育管理模式的视角[J]. 地方财政研究，2016（9）：101－106＋112.
[19] 刘尚希. 财政改革、财政治理与国家治理[J]. 理论视野，2014（1）：24－27.
[20] 吕冰洋. 现代政府间财政关系的构建[J]. 中国人民大学学报，2014，28（5）：11－19.
[21] 王朝才，张晓云，马洪范，等. 中期预算制度的国际经验及其启示[J]. 财政科学，2016（5）：91－102.
[22] 殷桐生. 从2001年德国经济的发展看施罗德的“新中派”经济政策[J]. 国际论坛，2002（4）：62－66.
[23] 殷桐生. 德国经济与“德国病”[J]. 国际论坛，2001（2）：66－69.
[24] 于雯杰. 中期预算编制国际比较及借鉴——以英美等发达国家为案例[J]. 地方财政研究，2016（12）：32－36.
[25] 张东明，于雯杰. 德国财政横向转移支付体系的解析与借鉴[J]. 中国财经信息资料，2013（23）：28－44.
[26] 中国财政科学研究院课题组. 从“逆全球化”看2018年国际经济形势[J]. 财政科学，2018（5）：5－12.
[27] BENZ A，SCHARPF F W，ZINTL R. Horizontale Politikverflechtung：Zur Theorie von Verhandlungssystemen[M]. Campus Verlag，1992.
[28] BOADWAY R，SHAH A. Fiscal Federalism：Principles and Practices of Multiorder Governance[M]. Cambridge University Press，2009.
[29] MOHAMMAD ARZAGHI，J VEMON HENDERSON. Why Countries Are Fiscally Decentralizing[J]. Journal of Public Economics，2005，89（7）：1157－1189.
[30] BUETTNER T. Tax Base Effects and Fiscal Externalities of Local Capital Taxation：Evidence from A Panel of German Jurisdictions[J]. Journal of Urban Economics，2003，54（1）：110－128.
[31] BUETTNER T. Determinants of Tax Rates in Local Capital Income Taxation：A Theoretical Model and Evidence from Germany[J]. Finanzarchiv，1999：

363 -388.

[32] EHTISHAM AHMAD. Financing Decentralized Expenditures：An International Comparison of Grants[J]. Kyklos，1997，52（1）：103 -104.

[33] WORLD BANK GROUP. World Development Report 2018：Learning to Realize Education's Promise[M]. World Bank Publications，2017.

[34] WORLD BANK. Beyond the Annual Budget：Global Experience with Medium - Term Expenditure Frameworks[R]. World Bank Publications，2013：103 -109.

[35] WORLD BANK. Public—Private Partnerships Reference Guide：Version 2.0 [M]. World Bank Publications，2014.

后记

8年前，我从北京外国语大学德语系德国经济专业毕业，来到中国财政科学研究院（原财政部财政科学研究所），从事外国财政理论与政策研究。在研究工作中，我感觉到德国财政制度就像一个迷人的宝藏，等着我一点点来探明。领导和同事也一直鼓励我，将德国财政制度的相关研究深入开展下去。于是便产生了撰写本书的念头。

在此，感谢刘尚希院长和其他院领导以及外国财政研究中心的各位领导、同事对我工作和生活的支持和帮助。在本书的撰写中，我也得到了傅志华副院长、吕旺实研究员、张晓云研究员、马洪范研究员、李成威研究员以及其他很多同事的指导和启迪，借本书出版之际，特向他们表示诚挚的谢意！

同时，感谢中国财富出版社的编辑同志们为本书的出版付出的心血！

在本书撰写过程中，我越来越感到自己的不足，研究能力和知识储备仍有待提高。本书的撰写也为我日后继续努力提高自己提供了动力。

由于时间和水平有限，书中难免会有错误和不足，敬请各位读者批评指正。

于雯杰

2019年8月9日